梦想的力量
中国梦青少年读本

悠悠历史之梦
YOUYOU LISHI ZHI MENG

刘勇 雨
李春 主编

侯敏
姚舒扬
副主编

尚烨 莎
杨编 著

北京师范大学出版集团
BEIJING NORMAL UNIVERSITY PUBLISHING GROUP
安徽大学出版社

图书在版编目(CIP)数据

悠悠历史之梦/尚烨,杨莎编著.—合肥:安徽大学出版社,2014.9
(梦想的力量:中国梦青少年读本/刘勇,李春雨主编)
ISBN 978-7-5664-0710-8

Ⅰ.①悠… Ⅱ.①尚… ②杨… Ⅲ.①爱国主义教育－中国－青年读物 ②爱国主义教育－中国－少年读物Ⅳ.①D647-49

中国版本图书馆 CIP 数据核字(2014)第 028889 号

出版发行	北京师范大学出版集团 安 徽 大 学 出 版 社 (安徽省合肥市肥西路 3 号 邮编 230039) www.bnupg.com.cn www.ahupress.com.cn
印　　刷	合肥市裕同印刷包装有限公司
经　　销	全国新华书店
开　　本	170mm×230mm
印　　张	12.75
字　　数	122 千字
版　　次	2014 年 9 月第 1 版
印　　次	2014 年 9 月第 1 次印刷
定　　价	24.80 元

ISBN 978-7-5664-0710-8

策划编辑	赵月华 钟 蕾	装帧设计	李 军
责任编辑	王先斌	美术编辑	李 军
责任校对	程中业	责任印制	赵明炎

版权所有　侵权必究

反盗版、侵权举报电话:0551-65106311
外埠邮购电话:0551-65107716
本书如有印装质量问题,请与印制管理部联系调换。
印制管理部电话:0551-65106311

总　序

　　中国是有着五千多年灿烂历史文明的泱泱古国。周秦伟业、两汉文明、大唐盛世、宋季富士、元朝拓疆、明代兴旺、康乾胜景，历史上伟大的时代与悠久的历史文明，不仅让我们每个炎黄子孙倍感骄傲，而且令世界人民叹为观止。而时至清朝，当欧洲已经走出长达八百多年中世纪的黑暗，在文艺复兴运动，接受一系列新知识、新技术的时候；当18世纪初牛顿发现了万有引力定律、莱布尼茨建立了微积分体系、培根喊出了"知识就是力量"的时候；当英国正在大张旗鼓地进行工业革命的时候，中国却仍然沉浸在"天朝上国"的迷梦和农业经济繁荣的落日余晖之中，根本不知道世界正在发生翻天覆地的巨变。结果是中国为此付出了沉重而惨痛的代价，鸦片战争失败后所签订的丧权辱国的中英《南京条约》，使中华民族承受了巨大而空前的屈辱，于是无数的仁人志士开始为振兴中华而奔走呼号，甚至抛头颅、洒热血。从洋务运动、戊戌变法、辛亥革命,直到中华人民共和国成立,中国人民为了寻求挽救国家于倾颓的伟大梦想,走过了一段艰难曲折的历程。

五四运动是这一历程中重要的一步,成为近现代国人真正觉醒的辉煌的起点。五四运动的先驱在高扬"民主""科学"伟大旗帜的同时,将目光聚焦于文学。我们还清楚地记得,无数有识之士都不约而同地将目光集中投向了青年!五四新文学与新文化运动中最重要、最让人瞩目的刊物就叫《新青年》,陈独秀所写的《敬告青年》满含殷殷之情、拳拳之心,至今令人难忘。回想当年,陈独秀为什么要创办《新青年》?为什么要写《敬告青年》?以陈独秀为代表的那代人为什么那样关注青年?难道是因为他们心血来潮吗?难道是因为他们认为青年必然胜过老年吗?不是的!他们清醒地意识到,民族伟大复兴的梦想不是一代人所能完成的,甚至也不是两三代人就能实现的。这个伟大的使命势必要由数代青年前赴后继,不断努力地去承担、去完成、去实现!

陈独秀在《敬告青年》一文中的慷慨陈词:"青年如初春,如朝日,如百卉之萌动,如利刃之新发于硎,人生最可宝贵之时期也。青年之于社会,犹新鲜活泼细胞之在人身。"亦如梁启超在《少年中国说》中所言:"老年人常思既往,少年人常思将来。惟思既往也,故生留恋心;惟思将来也,故生希望心。惟留恋也,故保守;惟希望也,故进取。

惟保守也,故永旧;惟进取也,故日新。"这样的言辞虽然有些绝对,但却道出了青少年乃国家与民族未来希望之实质。

从晚清起到今天,心怀强国梦想的中国人奋斗了一百多年。虽然在这一百多年中,几代人前赴后继,为中华民族开辟了一条通往伟大复兴之路,但在这条复兴的道路上,还需要我们继续努力。实际上,以"中华民族伟大复兴"为旨归的"中国梦"正像五四新文学先驱者们所预测的那样:还需要几代人去实现。也就是说,还需要几代青少年去不断地努力与拼搏。所以,让青少年了解什么是"中国梦",让青少年了解"中国梦"的实现对于我们国家与民族的根本意义,是多么急切,多么重要!这就是我们出版这套"梦想的力量:中国梦青少年读本"丛书的初衷。

这套丛书,紧紧围绕着"理想信念""少年成长""教育强国""科技腾飞""文学艺术""悠悠历史""求真探奇""城乡和谐""平凡人生""走向世界"等十个与"中国梦"密切相关的主题,用许许多多生动有趣的故事,向怀揣梦想的青少年说明:"中国梦"这三个字绝对不是口号、不是空想。相反,它有着丰富的文化内涵和底蕴,它涵盖了我们生活的方方面面,彰显在历史、科技、文学艺术等各个领域。它既可以体现为伟人在其人生历程中所追求的理想信念,也可以体现为普通人在平凡的人生中所坚守的一个个小小

梦想;它既可以体现为老一辈对于自己梦想的执着守望,也可以体现为年轻一代对于未来的无限憧憬。

  我们之所以把这些故事讲给青少年听,是想让青少年了解那些曾经发生和正在发生的感人故事,让他们真正体悟梦想的实现都不是一蹴而就的,而是要付出辛劳和汗水;让青少年在这些生动感人的故事的熏陶下培养自身坚强、勇敢、勤劳的优秀品质;让青少年通过这些故事反观自身,从而激发他们面对挫折时的斗志和勇气;让青少年了解什么是"中国梦",为什么要实现"中国梦";让青少年明白自己在实现民族伟大复兴的"中国梦"的历史进程中肩负着什么样的责任。

  "梦想的力量"在根本上来自青少年!

  "中国梦"的实现归根到底在于青少年!

刘　勇　李春雨

2014 年 1 月

目录

开天辟地话盘古 // 1
古今不变观明月 // 6
治水安民称大禹 // 16
英雄史诗诵千年 // 21
百家争鸣战国时 // 36
中医鼻祖秦越人 // 43
流芳千秋李太守 // 48
奠定基石秦王朝 // 54
凿空西域博望侯 // 61
史家绝唱司马迁 // 70
大义出塞王昭君 // 78

医术高超华元化 // 87

德才兼修诸葛亮 // 92

千古琴音不绝弹 // 100

奇哉天下第一桥 // 113

状元榜眼和探花 // 122

碧波千里大运河 // 129

盛唐风采耀千秋 // 137

历史名都长安城 // 142

文成结缔唐蕃谊 // 151

宁愿西行一步死 // 156

皇家宫殿紫禁城 // 165

七下南洋写传奇 // 170

收复台湾郑成功 // 177

虎门销烟林则徐 // 186

后记 // 195

开天辟地话盘古

盘古,也被称为"盘古大帝",据称有龙的头和人的身体。他是中国神话传说中开天辟地的祖先。盘古牺牲了自己的生命来创造出世间万物,他"鞠躬尽瘁、死而后已"的无私无畏精神,让千秋万代敬仰。有关他的动人传说也激励着一代又一代的中华儿女。

传说在太古时代,混沌的太空中飘浮着形状类似鸡蛋的巨大黑团,黑团里面无声无息,漆黑一片,只有金、木、水、火、土五种物质和青、黄、红、白、黑五种颜色。在这个巨大黑团的中心孕育着一个名叫"盘古"的巨人。盘古吸收着黑团中的营养并不断长大,在其中酣睡了一万八千年。

盘古醒来后,发现周围一片黑暗。他看不到阳光和多

彩的万物,心里十分憋闷。他决心反抗命运,拼命用四肢冲撞着这个黑暗的世界。盘古的不懈努力感动了玉皇大帝,玉皇大帝赐给他一把神斧。盘古张开双臂,用尽全身力气拿着神斧向黑暗的世界劈去。随着一声巨响,这个巨大的黑团被劈开了。那些轻盈、细微的物质渐渐飘动上升,变成了蔚蓝的天空,天空上飘着青、黄、红、白、黑五色祥云;那些混浊、沉重的物质渐渐下沉,变成盘古脚下的大地,大地上满是青、黄、红、白、黑五色泥土。把天地分开后,盘古感觉舒服多了。但是天仍然低沉地压在他的头上,并没有升到高空。盘古害怕天地再次合拢,就用双手撑着蓝天,双脚踏着大地。盘古每一天都长高两丈,这样天每天就升高一丈,地每天也下沉一丈。日复一日,年复一年,在一万八千年以后,盘古已经长成极高的巨人了,天与地也就远远地隔开了。

在这漫长的一万八千年中,天地间只有盘古一个人。他时而为自己创造的天地而喜悦,时而又因为孤单而忧伤。当他感到喜悦时,天气就晴朗;当他感到忧伤时,空中就乌云密布,甚至会下起雨来;当他叹气时,世间就刮起大风;当他眨眼睛时,天空中便会出现一道闪电;当他打呼噜时,天地间就发出轰隆隆的雷声。

终于,盘古筋疲力尽,他已经耗尽了心血和精力。盘

古仰头看了看双手支撑的美丽天空,低头看了看脚下广袤的大地,觉得天地间的距离已经足够远,不会再合拢了,他觉得可以美美地、无忧无虑地睡上一觉了。就这样,盘古微笑着躺在地上睡着了,可是他闭起的双眼再也没能睁开。他的身体化作东西南北四极和五岳,头化作雄伟挺拔的东岳泰山,双脚化作陡峭险峻的西岳华山,肚子化作风光旖旎的中岳嵩山,左臂化作秀美清丽的南岳衡山,右臂化作粗犷豪放的北岳恒山。这五座山傲然挺立着,支撑着天空。他呼出的气息变成天空中多彩的云雾和轻柔的风,雄浑的声音变成了轰鸣的雷声。左眼变成炽热的太阳,照耀着神州大地,使万物生生不息;右眼变成温润的月亮,给黑夜送去光明和美丽。血液变成江河湖海,肌肉变成肥沃的农田,养育生灵。浓密的黑发和眉毛变成闪亮的星,点缀着深蓝的夜空。牙齿和骨头变成金属、石块,方便人们生产、生活。骨髓变为温润的玉和明亮的珍珠,供人们收藏。身上的经脉变成交织的道路,供人们行走。汗水变为甘甜的雨露,滋润庄稼。汗毛变成草木,给自然增添绿色。

盘古死后,他的魂魄变成人类,所以我们人类才成为万物之灵,并且继承了盘古的基本外貌。据说,第一个出现的民族是伏羲族,所以伏羲被称为人类的先祖。

盘古的创世神话最早是被徐整的《三五历纪》记载下

来的。据对有关岩画的研究和专家考证,关于盘古的神话故事在史前社会就存在,他开天辟地的故事被人们世代传扬。南朝梁任昉在《述异记》中记载,"今南海有盘古氏亘三百余里,俗云后人追葬盘古氏之魂也。桂林有盘古氏庙,今人祝祀"。不仅如此,在广西的少数民族中还传唱着《盘古开天辟地歌》。盘古开天地的神话象征着人类征服自然的气魄。中华民族有着和盘古一样坚忍不拔的意志、勇于开拓的精神,努力为实现梦想而不懈奋斗。

创世神话　　创世神话是关于人类和世界起源的神话。它反映了人类幼年时期对于自我和世界的认知,其形成经历了漫长的过程。不同民族关于万物的起源有不同的传说,古代希腊人围绕这一命题,形成了宏大的希腊神话与传说体系;《圣经》中有"创世纪"一章,详细记载着上帝创造世界和人类的经过;在日本神话中,伊邪那歧和伊邪那美被描述为创世的两大神祇。在我国少数民族中,也流传着许多有关创世的神话,如壮族的"布洛陀与妹六甲"、阿昌族的"遮帕麻与遮米麻"、纳西族《多巴经》里的"人祖利恩"、白族的"天地开辟"、彝族的"阿细的先基"等。

❀ ❀ ❀

既然选择远方,便注定风雨兼程。

——汪国真

古今不变观明月

远古时候,在美丽富饶的山东半岛,生活着一个叫作"有穷氏"的部落,这个部落中的人都善于射箭。夏朝太康时,后羿是该部落的首领。后羿力大无穷,射箭百发百中,被当地老百姓尊称为"箭神"。因为太康耽于酒色,不理政事,后羿率部打败了夏朝太康。又因夏朝以太阳为图腾,故后世称太康失国为"后羿射日"。后羿射日的故事不断发展演变,成为神话传说。

传说古时候天上有十个太阳,它们都是天帝的儿子,都住在东海。每个太阳的中心都有一只神鸟,叫"金乌",它们都栖息在神树扶桑上。千万年来,每当黎明到来时,便有一个太阳从扶桑上驾着车从东边升起。这样,十个太阳每天轮流当值,照耀大地,万物便生机勃勃。大自然的

　　一切都井井有条,人们日出而作,日落而息,生活得快乐美好。可是时间长了,十个太阳觉得这样的日子过得很无聊。它们想一起上天来玩耍。这样一来,大地就变得十分炎热,人们热得快要窒息了。农田被烤焦,房屋被熊熊燃烧的大火烧毁了,很多人和动物也被烧死了。大海、河流都快干涸了,水中的鱼也死光了。

　　人间的灾难让天帝感到很难过。天帝不想再容忍儿子们胡闹了,就让善于射箭的后羿下到人间,协助尧来解除人们的苦难。后羿带着天帝赐给的一张一万斤重的弓和一口袋每支都有一千斤重的箭,同他的妻子嫦娥一道来到人间。看到一片死气沉沉、民不聊生的景象,后羿决心尽自己的一切力量让人们脱离苦海。传说后羿翻过了九十九座大山,趟过了九十九条大江,才到达了东海边。他站在一座大山上,用一万斤重的弓、一千斤重的箭,朝着天上的一个太阳射去,这个太阳就一命呜呼了。就这样,后羿一箭一箭地射掉了九个太阳,中了箭的九个太阳渐渐失去光芒,慢慢地死去了。耀眼的天空暗了下来,直到最后只剩下一个太阳发出光芒,世界的温度和光线都恢复正常了。从此,这个太阳便不能休息了。它每天从东方升起到西方落下,不停地劳作,人们开始安居乐业。

　　尽管是天帝叫后羿射杀了自己的儿子们,但天帝心里

对后羿还是产生了芥蒂。许多天神都很嫉妒后羿的能力和功绩,向天帝说了很多后羿的坏话。天帝最后将后羿逐出了天庭,让他生活在人间。老百姓都对后羿非常感激,后羿的名声传遍了每一个角落。有一个叫蓬蒙的人,也擅使弓箭。他听说了后羿的事迹,很不服气,心想:哼,什么后羿,只不过比我蓬蒙稍微走运而已。想是这么想,蓬蒙心里很清楚,要论射箭,后羿肯定比自己技艺高超。蓬蒙下了决心向后羿学艺,希望自己的名声大过后羿。

蓬蒙出发了。他翻过好几座高山,涉过好几条大河,终于找到了后羿。后羿自来到人间后,除了外出狩猎、向徒弟传授技艺,几乎整日与妻子嫦娥在一起。人人都夸他们是一对令人羡慕的神仙眷侣。蓬蒙见到了后羿,跪在他面前,不停地磕头:"我叫蓬蒙,听到您的威名,就从很远的地方赶来找您。求您收下我做徒弟吧。"

后羿是一个豪爽热心的人。看着跪在眼前的年轻人穿一身破破烂烂的衣服,骨瘦如柴,就知道他一路找到这里吃了很多苦头。后羿连忙让他起来,叫嫦娥给蓬蒙准备水和食物。等蓬蒙吃喝完毕,恢复了精力,后羿领他到院子里,亲手交给他一张弓和一只箭筒。

蓬蒙茫然地看着后羿,不明白后羿是什么意思。

后羿哈哈大笑,拍着蓬蒙的肩膀,说:"蓬蒙,从此以后

你就是我的徒弟了。我后羿别的不懂,只懂一点拉弓射箭的功夫,以后我都会传授给你。至于能领悟多少,就看你自己的造化了。"后羿说着又变得严肃起来,"蓬蒙,你以后跟着我,一定要记住,咱们学一身本事,是为天下百姓谋幸福,不是为给自己博得一点点名声。心正了,才能做一点对老百姓有益的好事。你记住了吗?""是,师父,蓬蒙铭记在心。"蓬蒙跪下,恭恭敬敬地答道。后羿叫他起来,并开始教授蓬蒙开弓射箭的基本功夫。

蓬蒙以前就懂射箭,得到后羿的用心指点,技术突飞猛进,很快就成为后羿最出色的弟子。就在这段时间,后羿的一位居住在昆仑山的老朋友邀请后羿到自己家住一段时间,好与自己一同求仙问道。在久远的传说中,昆仑山是"万山之祖"、"万神之乡",充满着神异的力量。在昆仑山中修行一年,抵得上在其他仙境修行数十年。接到老朋友的邀请,后羿十分高兴。正好当时天下安定,家中也没有太多的事,后羿便前往昆仑山修行。

几个月之后,后羿兴高采烈地回来了。在回家的当天夜里,后羿向嫦娥展示了一样东西——那是一包药粉,这药粉在后羿手中发出神奇的光亮。后羿告诉嫦娥:"我这次去昆仑山,巧遇了西王母,求取了一包长生不老药。服下此药,立刻就能升天成仙。我将这包药粉交给你,你一

定要将它收好。"嫦娥知道这是极为珍贵的药物,思索了片刻,轻轻说道:"我将它藏在梳妆台的百宝匣里如何?"后羿点点头。嫦娥小心翼翼地将药粉放入匣中。两人都没有想到,蓬蒙此时正伏在窗外,清清楚楚地听到了他们的对话。

几天之后,村民传说有猛兽出现,已经伤害了数十人。后羿听到这个消息后,决定带领几名弟子前去除害。蓬蒙却在这个时候生病了。后羿原想带上蓬蒙,可是眼见蓬蒙病得好像很厉害,便嘱咐他留在家中好好养病。

夜深了,一轮明月高高悬挂在天空,后羿家中的侍从都已睡下了。蓬蒙手执利剑,潜入嫦娥的房中。此时,嫦娥并没有睡着。她看到蓬蒙强闯进来,厉声喝问:"蓬蒙,你想干什么?"蓬蒙狞笑着用利剑直指嫦娥:"既然被你发现了,那就请你自己把长生不老药交出来,我看往日你待我不薄,饶你一死。""长生不老药?"嫦娥大吃一惊,突然明白了,"蓬蒙!你这个叛徒,你连自己的师父都要骗!"蓬蒙发出一阵狂笑,剑向嫦娥又逼近了:"少说废话,快点把药交出来!"看着蓬蒙狰狞的嘴脸和他手中的剑,嫦娥知道,自己根本不是他的对手。她向窗外望去,看到了天空中那一轮明月。"好吧,我斗不过你。你要答应不伤我性命,我就把长生不老药给你。""果然聪明,"蓬蒙口中说着话,并

未放下手中长剑,"你痛快点拿药出来,我立刻就走。"蓬蒙紧盯着嫦娥的一举一动,看着她走到梳妆台前面,打开一个精致的小匣子,从里面取出一包药粉。"快点给我!"蓬蒙厉声喝道,一个箭步冲过去。嫦娥看都不看蓬蒙一眼,一下子便将药粉倒进嘴里。蓬蒙猛地睁大双眼,简直不敢相信眼前发生的一切。吞下药粉后,嫦娥便飘离了地面,飞出窗外,直向月亮飞去。等蓬蒙反应过来追出房外,嫦娥已经成了天空中一个若隐若现的影子。心怀不轨的蓬蒙见偷药不成,只好趁着夜色逃离了后羿家。

  第二天,后羿回到了家。几个神色慌张的侍从走上前,向后羿哭诉了昨晚发生的一切。后羿又悲又怒。他拿起弓箭就去追杀蓬蒙,在广阔的原野上跑了一天一夜。可是蓬蒙已经逃远了,后羿找遍了四周,都没有看到蓬蒙的身影。夜色已深,悲痛欲绝的后羿仰望着夜空,呼唤爱妻的名字。这时,他惊奇地发现,当夜的月亮格外皎洁,在月亮中有一个晃动的身影,和妻子嫦娥一模一样。原来,嫦娥一心牵挂着后羿,便飞到离人间最近的月亮上成了仙。后羿痛不欲生,可是一切已经无法挽回,他只好派人到嫦娥平常喜爱的后花园里,摆好香案,放上嫦娥最爱吃的甜食鲜果,遥拜在月宫里眷恋着自己的嫦娥。

  许多年过去了,后羿和嫦娥的故事流传至今。后来,

西王母被两人深重的情意打动,就允许嫦娥在月圆之夜下到人间,与后羿在桂花树下相会。百姓们知道嫦娥奔月成仙的消息后,也纷纷在月圆之夜摆设香案,祝福相会的后羿和嫦娥,同时向圆月祈求吉祥平安。从此,中秋节拜月的风俗在民间传开了。

直到今天,人们仍然在向明亮的月亮诉说着自己的梦想,在月下许愿,期盼家人团圆如明月、梦想圆满如明月。看到月亮的时候,人们就会想起那个很久之前的故事。人们知道,月有阴晴圆缺,只要耐心等待,总能等到圆满的那一天。

《水调歌头·明月几时有》 《水调歌头·明月几时有》是北宋大文学家苏轼的经典词作。这首词以月起兴,围绕中秋明月展开想象和思考,把人世间的悲欢离合融入对宇宙人生的哲理追寻之中。

明月几时有?把酒问青天。不知天上宫阙,今夕是何年。我欲乘风归去,又恐琼楼玉宇,高处不胜寒。起舞弄清影,何似在人间?

转朱阁,低绮户,照无眠。不应有恨,何事长向别时圆?人有悲欢离合,月有阴晴圆缺,此事古难全。但愿人长久,千里共婵娟。

❋ ❋ ❋

青天明月来几时?我今停杯一问之。

——(唐)李白

治水安民称大禹

在尧当政时,黄河流域发生了严重的洪灾,百姓流离失所,饥不择食。尧作为部落首领,很想为民解难。他问人们可以派谁去治理洪水,人们都推荐鲧。但是尧并不信任鲧。人们说:"没有比鲧更优秀的人才了。"在部落联盟会议上,大家还是推选了鲧。尧此时只好答应了。鲧采用水来土掩的方法,修筑很简单的堤坝把居民区围起来,治水九年,劳民伤财,洪灾依旧很严重。在治水失败后,鲧偷走了天帝的一种叫作"息壤"的土。这种土能够自己生长,永不耗减。天帝知道后很生气,命令火神祝融将鲧杀死。鲧临死前把治理黄河的任务交给了儿子禹。

禹接受任务后,并没有草率地动工。他首先认真总结了父亲鲧治水失败的原因,吸取了教训。禹带领一批人翻

山越岭,风雨无阻,来到洪灾最严重的地区进行勘察。他先了解灾区的地形地势、受灾情况,然后才开始治水。禹改变了他父亲水来土掩的堵的做法。他在考察黄河流域的地形地势过程中发现,龙门山口十分狭窄,水流不畅。他决定拓宽山口,疏通河道。在禹的领导下,人们经过十三年的辛苦劳动,终于疏通了九条河,治水终于成功了。人们重新修整了土地,恢复了生产,又过上了安居乐业的生活。人们很高兴,感激禹的功绩,称禹为"大禹",把中国叫作"禹城"。

在治水的十三年里,禹不仅负责指挥工作,还一直战斗在一线,和人们一起辛苦劳动,废寝忘食,夜以继日。他亲自带领民众疏导河渠,为群众树立了榜样。禹一点也不怕脏。他住在简陋的茅草屋里,鹑衣百结,粗茶淡饭,每天带头干最脏最累的活。后来,禹腿上和胳膊上的汗毛都被磨光了,脸上布满皱纹,皮肤也晒得黑黑的,手掌和脚掌都结了厚厚的茧子。因为脚长年泡在水里,禹脚跟烂掉了,只能拄着棍子走路。

在治水过程中还发生过一件感人的事,就是禹三过家门而不入。禹到了三十多岁还没结婚。一天,禹在涂山偶遇一个美丽的姑娘,名字叫女娇。两人一见钟情,便成了亲。新婚四天后,禹就接到了舜的治水命令。禹一方面为了百姓能安居乐业,另一方面为了完成父亲的遗愿,立刻接受了命令,依依不舍地离开了自己的新婚妻子女娇。临别时,妻子依依不舍,叮咛禹:"候人兮猗。"后来,因为太忙,禹三次经过自己的家门,都没有进去。禹第一次经过家门时,听到妻子女娇分娩时发出痛苦的呻吟声,后来又听到婴儿的阵阵啼哭声。助手劝他进去看看,禹怕耽误治水,就没有进去。禹第二次经过家门时,他的儿子正在他妻子的怀中向他招手,但这时治水工程正紧张,他只是挥手打了下招呼,就匆匆离开了。禹第三次经过家门时,孩子启已经十多岁了。启听说爸爸快到家门口了,立刻跑出去哭着喊着拉爸爸进家门。禹只是摸摸孩子的头,让孩子告诉妈妈,等治好洪水后一定马上回家。禹说完就含泪离开了。

相传禹因为治理黄河流域的水灾有功,受到了舜的重用,后来接受了舜的禅让,继承了王位。禹还有一个重要贡献就是划分了九州,并制定了各州的贡物品种。据说禹在黄河治水的过程中,路过了很多地方,对这些地方的地形地势、风土人情、气候特点、土壤等都十分了解。禹还规定:帝畿以外五百里的地区叫"甸服",再外五百里叫"侯服",再外五百里叫"绥服",再外五百里叫"要服",最外面五百里叫"荒服"。根据五服的划分,不同地区每年要进贡

相应的物品,承担相应的劳务。

　　大禹治水的故事成为我国历史和文学中绚丽的一章,我国古典文献对此多有记载。大禹治水的故事反映了先民敢于与自然抗争、追求幸福美好生活的不屈精神。

启　　启是禹之子,以姒为姓。他创建了我国历史上第一个奴隶制王朝,使中国历史上的王位继承规则由禅让制变为世袭制。禹在晚年曾经将王位禅让给伯益,但各地诸侯和百姓由于怀念禹的功绩,不久之后纷纷离开伯益,拥立启为王。据《史记》记载:"禹子启贤,天下属意焉。及禹崩,虽授益,益之佐禹日浅,天下未洽。故诸侯皆去益而朝启,曰:'吾君帝禹之子也。'"启即王位后,平定了伯益、有扈氏等人的叛乱,开启了"家天下"的时代。启因为建立了夏朝,所以又被后人称为"夏启"。

* * *

故天将降大任于斯人也,必先苦其心志,劳其筋骨,饿其体肤,空乏其身,行拂乱其所为,所以动心忍性,增益其所不能。

——(战国)孟子

英雄史诗诵千年

我国是个多民族国家。在历史发展的长河中,每个民族都有杰出人物出现。他们都热爱自己的人民和家园,甘愿流尽最后一滴鲜血,不屈不挠地战斗,为本民族的昌盛作出过巨大的贡献。人们怀念自己的英雄,把他们的事迹编成故事,代代相传。这些故事被后人称作"英雄史诗",其中最有名的就是蒙古族史诗《江格尔》、藏族史诗《格萨尔》、柯尔克孜族史诗《玛纳斯》。

《江格尔》是在我国蒙古族同胞中传唱千年的英雄史诗。江格尔是蒙古族最伟大的英雄。在古老的传说中,江格尔是奔巴地方首领乌宗·阿拉达尔汗之子。两岁时,小江格尔跟随父母一起出行。日落时分,就在一家三口休息的时候,一个面目狰狞的妖魔突然向他们扑来。"快走!"

父亲对小江格尔吼道。父母尽力抵挡着妖魔。小江格尔跟跟跄跄地跑着,躲入一个既深又黑的洞窟。他在洞窟中躲了一夜,浑身冰凉,瑟瑟发抖。第二天天亮,江格尔走出洞窟,回到草原。他大声地呼喊着,疯狂地寻找着,但是慈爱的父母再也没有出现,草原上只有风吹拂过大地的声音。

有一位善良的牧人收养了江格尔。传说中,江格尔具有超常的智慧、高尚的品德、惊人的体力和高超的武艺。从七岁开始,江格尔就身跨烈马,手提镶满宝石的长刀,开始了自己的英雄生涯。他兼并了附近四十二个部落。江格尔战无不胜,到处都可听说他英勇善战的事迹。无论男女老幼,凡是见过江格尔的人,都说他就是真正的草原之神。很快,江格尔征服了草原,被臣民们推举为可汗。为了保护家园,以江格尔为首领的勇士们用他们超人的智慧和才能,不断击败入侵的部落,逐渐扩大了领地,建立起以奔巴为核心的美好家园。这片土地四季如春,牛欢马腾,美酒飘香,人们过上丰衣足食、相亲相爱的美好生活。

青藏高原草木茂盛,白云悠悠,人们特别乐意听说书艺人吟唱著名的藏族英雄史诗《格萨尔》。格萨尔是青藏高原的大英雄。在传说里,他是天神之子。为了把吉祥与和平带到人间,他降临人世,然后征战四方,打败了所有横

行人间的妖魔鬼怪,最后功德圆满,重回天界。在西藏,格萨尔的故事流传了近千年。它是西藏人民对先民英雄事迹的赞颂,表达了人们对幸福生活的向往。

格萨尔的故事太多了,像一串串珍珠流泻在青藏高原上。青藏高原的每一块土地上都有与他有关的圣迹。有个叫俄支的地方,是以格萨尔麾下大臣之子的宝刀命名的。在甘孜的乃龙神山,格萨尔曾派出三十员大将在那儿练兵。格萨尔的战马留下的蹄印,至今仍印在巴塘当金则然神山的一块岩石上。格萨尔的神剑劈下,留下了一道深沟。

在离甘孜不远的地方,有个小小的村落叫吉绒龙席岭村。村子东南面有座山,坐北朝南,形状像一只海螺,人们就叫它"海螺山"。海螺山两侧有两湾清澈的泉水,左边的泉水叫"寿福泉",据说能治百病;右边的泉水叫"则曲泉",据说能消除人的罪愆。山上还有一个历代高僧闭关修行的山洞。

不过谁也没见过这个传说中的山洞,更别提什么高僧了。那时,天下即将清平,格萨尔征战四方几十年,降妖伏魔,降服了大大小小一百五十多个部落,马上就能将岭国统一。他战绩辉煌,战无不胜,降服了入侵岭国的北方妖魔,战胜了姜国的萨丹王、门域的辛赤王、大食的诺尔王、

卡切松耳石的赤丹王,给青藏高原带来了光明。和所有的藏族人一样,吉绒龙席岭村的人们也很熟悉这位英雄的事迹。一旦有说书艺人经过村子,村民就会拦下他,用最好的酒招待他,向他献上洁白的哈达,央求他说:"快来讲讲格萨尔的新故事吧,您一定比谁知道得都多。"

说书艺人坐下来,戴上哈达,喝了酒,等人们都聚拢在篝火边时,才取出牛角琴边弹边唱:"雪山老狮要远走,是小狮的爪牙快变得锋利了。十五的月亮将西沉,是东方的太阳快升起来了。""可不是吗,格萨尔就是我们藏民的太阳!"村民们兴奋地议论着。说书艺人摸着胡须哈哈大笑:"格萨尔这一次击败的敌人,比以前都要可怕!让我喝一口酒,再跟你们细细说来。"

太阳落下又升起。又过去了几十个昼夜,村里的小孩子们开始不安分了,闹着要听格萨尔的新故事。这一下,村民才想起来,已经有好长时间没看到说书艺人了。有人骑着马到邻近村落打听,那里的人们告诉他,说书艺人确实好久没有出现,他们也很久没听到格萨尔的事迹了。天下的妖魔还没除净,格萨尔去哪儿了?人们的眉头紧锁,脸上带着愁苦的表情。飘香的青稞酒没人喝了,晚上明月高悬的时候,锅庄舞也没人跳了。

听不到格萨尔的故事,吉绒龙席岭村却多了个年轻喇

嘛。谁也不知道这个喇嘛是什么来头。据见过他的人说，他看起来年轻英俊，见了人不多话。有人问他，他自称是东方一座寺庙的喇嘛，一路走到这里，见海螺山风景秀丽，就决定在山上修行。藏族人信仰佛教，对修行的僧侣十分尊敬。村民听他这样说，也就不再多问。有时候人们在山下碰见他，就把自家的食物满满地装几袋要他拿着。这个年轻的喇嘛总是红着脸摇头微笑。可是村民都说山上清苦，缺吃少穿还怎么修行？更何况奉养喇嘛也是平常人的福气。

　　平静的日子没能持续多久。过了一段时间，吉绒龙席岭村的人们听到了一个可怕的消息：西方的霍尔白帐王率兵入侵岭国，很快就要打到这里来了！霍尔白帐王为人凶狠残暴，他攻占的地方，广袤的草原成了焦土，漂亮的毡房被烧毁，成群的老百姓被抓走，没人能在他的统治下继续过安定的生活。岭国的百姓哭喊着："我们的格萨尔为什么不来保护我们？"

　　有关格萨尔的流言到处传播。有人说，格萨尔看破红尘，扮成一个喇嘛出家了。吉绒龙席岭村的人们听到这个消息都很气愤，纷纷说："别胡说八道！格萨尔才不会抛下我们不管。"

　　可是，眼看战火越烧越近，却始终没有格萨尔的消息。

　　吉绒龙席岭村的人们心里很焦急,不知道是该留在村里,还是该逃亡。就在这个节骨眼上,村里来了三个外乡女人:六十多岁的婆婆和她三十多岁的女儿,带着一个未满十岁的外孙女。"霍尔白帐王就要打到这里了,你们怎么还不走?"老婆婆问村民。"格萨尔能打败他。"有个村民抢先说。"格萨尔不会看着我们大家受苦。"另外一个村民说。

　　"格萨尔……已经很久没有他的消息了,你们还相信他?"中年妇女插话。"当然信!那可是我们的格萨尔!"好几个村民一起喊。老婆婆和中年妇女对视一眼,都笑了。随后她们又问村民,这附近是不是有座海螺山,山上是不是有一个高僧修行的山洞?村民们回答,山洞里是有个修行的喇嘛,可没听说过有什么高僧。这三个人听后不再言语,便向海螺山上走去。

　　原来,在海螺山山洞里修行的喇嘛就是格萨尔。长久以来,他一直征战四方。有一天,他忽然心生厌倦,就下定决心弃戎习禅,选中少有人知的海螺山潜心修行。而这三个人又是谁呢?她们分别是观音菩萨、文殊菩萨、金刚手菩萨的化身。她们眼看人们遭受大难,且知道格萨尔在此修行,就决定去海螺山,劝他出山从戎,扶弱抑暴。走到离山洞不远的地方,三位菩萨使用法力,看到了格萨尔正端

坐在山洞里冥想。怎么办呢？三位菩萨又化身为人，外婆大声吆喝，要女儿进村讨吃的，要外孙女去小溪边打水，自己吃力地捡着石头和柴火，准备点火烧茶。没过一会儿，女儿要打外孙女，外孙女大哭，外婆颤巍巍地护着外孙女，责备女儿："你打她干什么？你不想养，我养她！"女儿也哭了，边哭边说："妈妈，您的宝贝孙女把咱们熬汤烧水的罐子打烂了。您说，这以后的日子可怎么过？"外婆叹了一口气，骂道："霍尔白帐王率兵入侵岭国，杀咱们的百姓，烧咱们的房子，抢走咱们的王后，岭国成了一片废墟。那个徒有虚名的格萨尔吓破了胆，像只猫头鹰似的躲在山洞里。他都舍得下整个岭国和王后，外孙女打烂一个破罐子算什么？"外孙女怯怯地拉着外婆的手："外婆，您以前说格萨尔回来后，就会杀死霍尔白帐王，重建家园，让我们都过上好日子。今天您怎么说他的坏话？"外婆呸了一声，说："傻孩子，都说格萨尔是天神下凡，到人间来为民除害。可你看看，现在他连山洞都不敢出，还不如我一个六十多岁的老太婆。我还敢带你们去找霍尔白帐王，只要咱们三个往他的脸上唾一口口水，也算报了仇，死也瞑目了。格萨尔？哼，他现在改名换姓藏在山洞里，连面都不敢露，不信你们自己去看。"三个人刚说到这儿，忽然传来一股浑厚的声音："不用来看了，我就在这儿。"扮作喇嘛的格萨尔从山洞

中走出,脸上带着羞愧的神色,说:"我岭国人个个有骨气!您已经六十多岁,还有这样的勇气。我却不管百姓的死活躲在这里,有什么脸面称王?"格萨尔说完,对着三位菩萨跪拜道:"感谢你们一番指点,我这就回去为百姓报仇!"

后来,人们听说格萨尔单枪匹马,一个人杀死了霍尔白帐王,收复了领地,重新把和平和安宁带给了人民。而海螺山上那个小小的山洞,在世代的传说中,也成为与格萨尔相关的圣迹。

《玛纳斯》是我国柯尔克孜族的英雄史诗,它讲述的是一家子孙八代人的故事,史诗以第一部中的主人公名字命名。《玛纳斯》第一部情节曲折动人,流传很广。它从柯尔克孜族的族名传说和玛纳斯家族的先世唱起。在玛纳斯诞生前,统治柯尔克孜族的是一个叫作"卡勒玛克"的君王。卡勒玛克是一个残暴的入侵者,他率领军队,毁灭了柯尔克孜族人的家园,夺走了他们的牛羊马群,把他们的妻子儿女当奴隶使唤。在他的统治下,柯尔克孜族人过着暗无天日的生活,老人和孩子没有东西吃,饿死在广阔的草原上,秃鹫日夜在天空上盘旋,到处都能听见它们凄厉的哀鸣声。太阳和月亮都隐没了,不忍看见这地狱般的人间惨状。人们白天干活,晚上哭泣,只盼天上的神明派一位英雄来拯救处在水深火热中的柯尔克孜族人。

卡勒玛克呢？他天天啜饮美酒,吃鲜美的牛羊肉,勒令柯尔克孜族最杰出的艺人为他唱歌跳舞。他穷奢极欲,根本不理会柯尔克孜族人的痛苦。有人壮着胆子劝他:"陛下,柯尔克孜族人活不下去了。你伸一根手指头帮帮他们,这些人就会对你感激不尽啊。"卡勒玛克冷笑了一声,说:"活不下去？哼,这就是战败者的下场。"卡勒玛克在宫廷中豢养了一批占卜者。有一天,资格较老的一位占卜者突然看到了一条让他心惊胆战的卜文:柯尔克孜族人中即将诞生一位英雄,这位英雄必定会推翻卡勒玛克的统治。"陛下！"占卜者把消息告诉了他,"这是上天降下的预兆,恐怕要成真啊！""能推翻我的人？我看这样的人,得在我死后一千年才能出世！"卡勒玛克哈哈大笑。沉默片刻后,他又问道:"那卜文还说了些什么？""说……说这个人生来力大无比,恐怕会推翻您的统治！"占卜者战战兢兢地说。卡勒玛克嘴角流露出不屑的笑容:"这卜文里有没有说这个人有什么特征？""说……说了,"占卜者手忙脚乱地拿出卜文,"这人出生时会有特殊的标记,他一手握血,一手握油,掌中写有玛纳斯字样。""好啊,既然如此,那就下一道命令,"卡勒玛克咬了咬牙,"现在就派人把所有怀孕的柯尔克孜族妇女都抓起来,挨个剖开肚子查看。就算有几个、十几个玛纳斯一起生出来,我也要让他们统统下

地狱!"

　　因为故乡巴勒克阿尔特水源断绝,被迫搬迁到巩乃斯草原的加克普,是一个对神明有着虔诚信仰的人。在巩乃斯草原住下之后,很多年过去了,加克普因为妻子一直没有生育,被邻居和同乡人笑话成"无子无后的孤老汉"。为了能有一个儿子延续血脉,加克普更加虔诚地向苍天祈祷,并且按照柯尔克孜族的古老习俗,让妻子绮依尔迪独自一人在密林深处居住。卡勒玛克的命令被执行,越来越多的柯尔克孜族怀孕的妇女被抓起来。残暴的士兵直接杀死她们,连一个活口也不留,腥风血雨遍布草原。与此同时,一个消息在绝望的民众中传播着:预言启示,一个叫玛纳斯的英雄就要降临人世,带领柯尔克孜族人推翻卡勒玛克的统治。卡勒玛克害怕他出生,才做下这种残忍的事。希望在人们的心中悄悄萌生,所有的人都尽全力保护孕妇,尽量将她们藏在不为人知的地方。"玛纳斯就要诞生了!"人们口耳相传,"等他出生,我们就能获得新生!"这个时候,加克普的妻子发现自己怀孕了。她把这个消息告诉了丈夫,加克普欣喜若狂。他不想把卡勒玛克下的命令告诉妻子,怕她害怕,只是嘱咐妻子在密林深处藏好:"你想吃什么,我去给你找!"绮依尔迪想了想,对加克普说:"我想要遨游天空、飞遍世界的凤凰眼里的油,万兽之王老

虎的心脏和狮子的舌头。"加克普把妻子说的话默默记在心里,暗中找到族里最出色的猎人,用高价向他换回了这些食物。绮依尔迪吃了后,舒服极了,体格也变得强壮起来。

  时间一天天地过去,绮依尔迪要分娩了,她折腾了整整十五天,孩子才落地。但是,当加克普和妻子看到他们的孩子时,都吓坏了——原来绮依尔迪生下的是一个青色的肉囊。加克普毫无办法,左思右想,只好回到族中,请来了智慧超群的老人阿克巴勒塔。老人看到这个肉囊,沉思片刻,从怀里拿出一个金戒指,小心翼翼地用它划开了肉囊,一个婴孩从里面跳出来。当时的情景被记录在《玛纳斯》中,歌谣是这样唱的:"神勇的男孩从里面出来,看上去足有九岁孩子的模样。"人们争相查看孩子的手掌,发现他右掌中握着油,左掌中握着血。这男孩正是玛纳斯。

  这就是英雄玛纳斯横空出世的故事,是史诗《玛纳斯》的开端。玛纳斯出生后,在少年时代就显出了非凡的气势。他有白虎般的气质,有巨龙般的威严。从他的头顶向下看,他有阿勒普卡拉神鸟的神气,一声怒吼,声音超过四十一只雄狮的吼叫。他从小跟随普通劳动者生活,目睹族人所受的苦难,这一切让他对入侵者充满仇恨。成年之后的玛纳斯开始率领族人征战南北。当他出征时,两只猛虎

陪伴左右,粗壮的大蟒蛇缠绕在腰际,神鹰在头顶上盘旋,战马奔腾扬起遮天蔽日的尘埃。玛纳斯团结了来自四面八方的勇士,联合附近被压迫的部族,连年征战,终于推翻了卡勒玛克的统治,将四散的柯尔克孜族人统一在一起,带领他们过上了幸福的生活。从此之后,玛纳斯的故事被人们世世代代传唱。柯尔克孜族人民从《玛纳斯》中汲取祖先的力量,努力追寻幸福的生活。

荷马史诗 荷马史诗是古希腊盲诗人荷马创作的两部长篇史诗《伊利亚特》和《奥德赛》的统称。《伊利亚特》和《奥德赛》各有二十四卷,分别讲述了在特洛伊战争中阿喀琉斯与阿伽门农之间的争端、特洛伊沦陷后奥德修斯返回故土的故事。荷马史诗是研究公元前11世纪到公元前9世纪的社会情形和迈锡尼文明的重要史料,具有重要的历史、社会、文学艺术价值。

❉ ❉ ❉

  一根木头棒搭不起毡房,百根木棒能搭起大毡房。

——柯尔克孜族谚语

百家争鸣战国时

战国,既是一个七雄割据、征战不休的时代,也是一个百家争鸣、文化绚烂的时代。这个时代王纲解纽、礼崩乐坏,传统的政治文化秩序逐渐瓦解,新思想、新观念层出不穷,成为中国古代文化的黄金时期,也被称为中国文化的"轴心时代",出现了儒家、墨家、法家、道家、阴阳家、兵家等众多流派。各派学者游走各国,著书立说,宣扬自己的主张,这种状况被称为"百家争鸣"。以下概要介绍儒、墨、法三家及其代表人物的观点。

春秋时代,孔子创立了儒家学说。孔子,名丘,字仲尼,鲁国人。儒家最初起源于巫史阶层。随着时代的变化,传统的巫史观念融进了德的因素,宗庙原有的祈祷祝卜作用降低,巫史阶层关注的重点逐渐转向社会现实,其

天命观逐渐呈现出浓厚的世俗化倾向。"子不语怪力乱神",强调伦理、仁义、民本等,更具理性精神和世俗色彩。

儒家在战国时代的代表人物是孟子和荀子。孟子,名轲,字子舆,鲁国人,被称为仅次于孔子的"亚圣"。孟子受学于子思,曾先后游访魏、齐、宋等国。孟子的政治主张和所见所闻记录在《孟子》中,后南宋思想家朱熹将《孟子》列入儒家"四书"之中。孟子在政治上主张"仁政""民本"。他说,"民为贵、社稷次之,君为轻"。在经济上主张"井田制""为民制产",称"五亩之宅,树之以桑,五十者可以衣帛矣"。在文化上主张"性善论",认为"人之初,性本善"。荀子,名况,又名荀卿,赵国人。与孟子不同,荀子认为"人性本恶",必须通过后天的学习来改造人性中的"恶"。他在《劝学》中写道:"学不可以已","不积跬步无以至千里,不积小流无以成江海"。不同于孔孟的主张,荀子的思想更有现实主义色彩。他不仅主张礼义,也看重法律在社会管理中的作用。

儒家推崇周礼,主张"克己复礼"。"礼"起源于远古的军事征战和宗教祭祀活动,后演化为世俗社会的秩序规范。"礼"是荀子思想的重要组成部分,荀子称"礼"为"贵贱有等,长幼有差,贫富轻重皆有称"。在荀子这里,"礼"是维护社会运行的基本规范,是秩序、是天道,"故绳者,直

之至;衡者,平之至;规矩者,方圆之至;礼者,人道之极也"。

仁,是儒家的核心精神理念。它是一种"立人由己,进而达人"的精神,是一种"先天下之忧而忧,后天下之乐而乐"的理念,是一种人与人之间互相关爱、和谐共处的真情厚谊。它看似高山仰止,景行行止,使人感到虽身不能至而心向往之;实则存在于每个人的潜意识中,"仁远乎哉?我欲仁,斯仁至矣"。战国时期,孟子将发端于孔子的"仁"发展为政治学上的"仁政",要"以不忍人之心,行不忍人之政"。

孔子说成仁,孟子说取义。儒家强调"义利之辨",它与"君子小人之辨"、"华夷之辨"构成了儒家的"三辨"。孟子称:"生,我所欲也;义,亦我所欲也,二者不可得兼,舍生而取义者也。"孟子见梁惠王,王曰:"叟,不远千里而来,亦将有以利吾国乎?"孟子对曰:"王何必曰利?亦有仁义而已矣。"孟子还认为,"羞耻之心"可以被称为"义"。

儒家推崇智慧、推崇"知"。在如何处理此岸世界与彼岸世界的关系上,儒家更注重此岸世界、关注人世间的悲欢。孔子认为,"未能事人,焉能事鬼";"未知生,焉知死";"敬鬼神而远之,可谓知矣"。在对待现实的问题上,儒家以冷静的、人本的态度,注重学问的现实功用,而少涉及纯

粹的哲学观念、精神思维。这一时代的儒家学者尊重人的合理欲望,尚未形成禁欲主义的观点,认为"食色,性也"。

儒家重教化,主张以文化人,注重文艺的现实功用。孔子曾说,"诗可以兴观群怨",可以通过诗歌来了解民情民意,得知朝政利弊。而《诗论》则开宗明义:"行此者其有不王乎?"从中可以看出其以诗为用的价值取向。他在《诗论》中常说的赞美之词,如"吾得之"、"吾美之"等,也都是着眼于它们的实际功用的。

战国时期,人们将墨家与儒家并称为"显学",当时有"非儒即墨"之说。墨家的创始人墨子,名翟,战国早期鲁国人,其思想观念集中在《墨子》一书中。墨家学派代表人物具有平民阶层的精神特质,他们的观点反映了当时手工业者、小生产劳动者的利益诉求。墨子去世后,墨家主要分为相里氏之墨、相夫氏之墨、邓陵氏之墨三支。

墨家提倡"兼相爱"。战国乱世,群雄逐鹿中原,生灵涂炭,"饥者不得食,寒者不得衣,劳者不得息",不同的阶层之间缺乏理解和关爱。何为"兼相爱"?"强者不劫弱,贵者不傲贱,多诈者不欺愚";"老而无妻子者有所侍养,以终其寿;幼弱孤童之无父母者有所傍依,以长其身";"即此言爱人者必见爱也",这都是有关"兼爱"的表述。墨家的"兼爱"不同于儒家的"爱人",它是无等级、无差别的。

墨家提倡"交相利"。墨子认为,人与人之间应"投我以桃,报之以李",也就是"交相利"。"交相利"要建立在"兼相爱"的基础之上。墨子称,"夫兼相爱交相利,此自先圣六王者亲行之",认为"兼爱交利"继承了上古贤王的主张。"兼爱交利"突出地反映了小生产劳动者的诉求,强调现实利益和团结互助。

在国家事务和个人生活中,墨家都推崇"节用"。对个人来讲,应"量腹而食,度身而衣";对国家来讲,"用财不费,民德不劳,其兴利多矣","俭节则昌,淫佚则亡"。墨子反对"厚葬",主张废除"古之丧礼,贵贱有仪,上下有等,天子棺椁七重,诸侯五重,大夫三重,士再重"的繁文缛节。

法家主张以法度条文治国,推崇"法"在构建和维护社会秩序中的重要价值,将"法"作为富国强兵的重要手段。法家在战国时期的代表人物有李悝、商鞅、申不害、李斯、韩非等。在法家思想的指导下,先后发生了魏国的李悝变法、楚国的吴起变法、秦国的商鞅变法等。

法家认为人性本恶,必须用严刑酷罚来规范人们的行为。由于人性有趋利避害的特点,商鞅认为,"人生有好恶,故民可治也;人情者有好恶,故赏罚可用"。而统治者也应依法行事,取信于民。商鞅在变法开始时,为树立新法的权威,"乃立三丈之木于国都市南门,募民有能徙置北

门者予十金。民怪之,莫敢徙。复曰:'能徙者予五十金。'有一人徙之,辄予五十金,以明不欺。卒下令。"商鞅变法在中国历史上具有深远影响。在秦孝公的支持下,商鞅废井田,开阡陌,实行土地私有化,允许土地自由买卖;重农抑商,鼓励农业生产;废除旧贵族特权,奖励军功;实行严刑和"连坐"制度。商鞅变法取得了巨大成功,使秦国成为当时最强大的诸侯国。

韩非是战国时代法家思想的集大成者。他将前代法家提出的"法"、"术"、"势"融为一体,将法家思想进一步系统化、完整化。韩非反对儒家的"礼治",主张"法治",也反对墨家思想熏冶下的游侠。他称"儒以文乱法,侠以武犯禁"。韩非的政治理想是"言谈者必轨于法",他主张培养"智术能法之士"。"智术能法之士"既要有知识,又要有谋略,还要公私分明,"能去私曲,就公法"。

战国七雄 春秋后期,诸侯之间的讨伐吞并愈演愈烈,以"三家分晋"和"田氏代齐"为重要标志,中国历史逐渐过渡到战国时代。战国时代主要有齐、楚、燕、韩、赵、

魏、秦七个国家,史称"战国七雄"。除秦国在崤山以西,其余六国均在崤山以东,因而人们将这六国称为"山东六国"。战国时七雄间征战不断,著名的战役有桂陵之战、马陵之战、长平之战等,著名的将军有白起、孙膑、庞涓、乐毅、王翦、廉颇、李牧等,此外,还产生了"合纵"、"连横"等战略思想。商鞅变法后,秦国迅速崛起并灭亡韩、赵、魏、楚、燕、齐,于公元前221年统一全国,结束了春秋以来五百年的诸侯分裂局面,建立了中国历史上第一个统一的专制主义中央集权王朝。

❋ ❋ ❋

富贵不能淫,贫贱不能移,威武不能屈,此之谓大丈夫。

——(战国)孟子

中医鼻祖秦越人

扁鹊是战国时期的名医,中国最早的医学家。他医术精湛,医学知识广博,擅长治疗各种疾病。人们用古代神话中神医"扁鹊"来称呼他,也称他为"医祖"。

扁鹊长期治病救人,总结了许多经验——其中最著名的当属四诊法,即望、闻、问、切。望就是观察病人的脸色、体态以及排泄物,闻就是指听病人说话的声音和嗅气味,问就是指询问症状、了解疾病发生的过程,切就是指摸脉象。

曾有这样一件事:虢国的太子病重,生命垂危,扁鹊被请进王宫为其治病。此时,太子已昏迷不醒,王宫里的人都认为太子已经离世了。扁鹊在诊断之后,取出针具,在太子头部穴位施针。不久,太子就睁开双眼。太子起死回

生的消息很快传开,扁鹊声名鹊起。

扁鹊医术高明,名扬四方,受到人们的敬重。西汉著名的史学家和文学家司马迁所著的《史记》中对此有记载,我们可以从中了解扁鹊既真实又带有传奇色彩的一生。扁鹊所处的年代,政治经济都有重大改革,各国相互竞争,形成了一种尊重人才、招贤纳士的社会风尚。

据说有一天,扁鹊路过齐国,在国都临淄见到了齐国的君主齐桓公。他看到齐桓公气色不太好,便直接对他说:"您的疾病存在于肤表,如果不马上接受治疗,病情就会加重。"齐桓公听完这话并没有往心里去,只是淡淡地说:"我没有病。"扁鹊见他不听劝告,就走了。这时,齐桓公对旁边的人说:"现在的医生大多唯利是图,他们把本来没病的人说成有病的,来获得金钱和利益。"过了十天,扁鹊又来拜访齐桓公。仔细观察后,扁鹊对齐桓公说:"你的病已经到了血脉,不治会更加严重,以致无法控制。"齐桓公听完后有点不高兴,但没有说话。又过去了十天,扁鹊来见齐桓公,严肃地对他说:"你的病已经进入肠胃,再不治就有生命危险了!"齐桓公仍旧没有理睬扁鹊。又过了十天,扁鹊第四次来见齐桓公。他只对齐桓公望了一眼,就匆匆忙忙地跑开了。齐桓公觉得很奇怪,就派人去询问。扁鹊回答说:"病在肤表,用熨烫的方法可以治好;病

进入血脉,用针灸的方法可以治好;病到了肠胃,用火剂汤药的方法也能治愈。而现在齐桓公的病已经深入骨髓,没有办法可以治好,我只能躲开了。"又过了十天,果然如扁鹊所说,齐桓公医治病得很重。他命属下去请扁鹊,可是扁鹊此时早已经逃离了齐国。齐桓公不相信扁鹊,讳疾忌医,耽误了最佳治病时机,不久就去世了。

　　一天,魏文王曾向扁鹊求教:"你们家兄弟三人都精于医术,但谁是医术最好的呢?"扁鹊说:"我的大哥医术最好,二哥差些,我是三人中最差的一个。"魏文王非常不解。扁鹊解释说:"我的大哥治病,是在病情发作之前。那时候病人自己还不觉得有病,但大哥就下药铲除了病根。正因为这样,他的医术难以被人认可,所以没有名气,只是在我们家中被推崇备至。我的二哥治病,是在病初起之时。此刻症状尚不十分明显,病人也没有觉得痛苦,二哥就能药到病除,因此乡里人都认为二哥只是治小病很灵。我治病,都是在病情十分严重之时,病人痛苦万分,病人家属心急如焚。他们看到我在经脉上穿刺,用针放血,或在患处敷以毒药以毒攻毒,或动大手术直指病灶,控制病人的病情,使病人很快痊愈,便认为我医术高超,所以我名闻天下。"魏文王恍然大悟。

　　扁鹊治病救人,声名远播。扁鹊在秦国行医时,方圆

百里的人都来请他看病,秦武王非常信任他,准备重用他。这就招来秦国太医令的嫉妒,秦国太医令派人刺杀了扁鹊。咸阳的民众得知消息后,无比悲愤,为扁鹊举行了隆重的葬礼。沉沉暮霭中,人们将扁鹊安葬在咸阳郊外,并树碑立传,纪念这位伟大的医学家。

扁鹊一生没有留下任何医学著作,可他高尚的医德和高超的医术却流传了下来。

扁鹊 扁鹊(公元前401—前310年)是战国时期的著名医生,姓秦,名越人,今河北任丘人。因居家在卢,又被称为"卢医"。他师从名医长桑君,对人体内脏有着深入研究。他善于运用中医的各种治疗方法,曾周游各国给人治病,救人无数,名扬天下。因其医术精湛,世人以"扁鹊"称呼他。他创立的中医"望闻问切"诊断法,历经两千多年,至今仍为中医所沿用,成为中华民族乃至全人类的宝贵文化遗产。

※ ※ ※

君子乾乾不息于诚。

——(北宋)周敦颐

流芳千秋李太守

都江堰位于美丽的四川省都江堰市,被称为"世界水利文化的鼻祖",是国家级风景名胜,也是世界文化遗产。它是秦国蜀郡太守李冰和他的儿子率领百姓修建的。

都江堰以无坝引水为特征,历史悠久。它将岷江的水流分成两条,其中一条水流引入成都平原,这样既可以分洪减灾,又可以引水灌田、变害为利。都江堰由鱼嘴、飞沙堰、宝瓶口三大主体工程构成,三者相互配合,可以减轻洪灾的危害。鱼嘴分水堤因形状像鱼嘴而得名,是都江堰的分水工程。它把岷江分为内外二江,外江用于防洪,内江用于灌溉。飞沙堰具有溢洪排沙功能,是确保成都平原不受洪灾影响的关键。宝瓶口可以控制内江水量,因形状像瓶口而得名。

都江堰是一个集防洪、灌溉、航运于一体的水利工程。然而,它的修建过程却是非常曲折的。首先建造的是宝瓶口。当时李冰父子邀请了许多当地的农民,对岷江一带的地形和水情作了实地勘察,最后用火烧石,使石块炸裂,加快了工程进度。宝瓶口修建完成后,起到一定的分洪作用。但是江东地势比较高,江水很难流入宝瓶口。李冰父子将装满石头的竹笼堆放在江心,形成了一个类似于鱼嘴的小岛,抬高了水位,把江水分为内外二江,使内江的水通过宝瓶口流入成都平原。为了进一步分洪减灾,李冰父子又修建了一条溢洪道使江水流入外江,在溢洪道前修有弯道,使江水形成环流,江水超过堰顶时洪水中夹带的泥石便流入外江,这样便不会淤塞内江和宝瓶口水道。

李冰还让自己的儿子凿了三个石人,放在江里用来测量水位。几百年过去后,石人遭到腐蚀和毁损,于是汉代水官重造高三米的"三神石人"测量水位。这"三神石人"中的一尊即是李冰雕像。

两千多年来,李冰父子建造的都江堰为天府之国带来了富饶与安宁。李冰父子不是水利专家,但他们不断钻研,得出了"深淘滩、低作堰","遇弯截角、逢正抽心"的经验,使岷江一分为二、二分为四、四分为八,支流逐渐增多。内、外江流域灌溉总面积逾三百万亩,经过后人的整治,现

在已经将近千万亩,正所谓功在当代、利在千秋。当地人十分崇敬和感激李冰父子二人,专门建造了"二王庙"来纪念他们父子。传说六月二十六日是李冰生日,六月二十四日是二郎的生日,所以在每年农历的六月二十四日至二十六日,二王庙都会举行庙会活动。每年的这个时候,前来祭拜李冰父子的老百姓络绎不绝,仪式十分隆重。每年清明节,都江堰还会举行盛大的放水仪式。

都江堰附近的风景名胜和文物古迹,主要有"青城天下幽"的道教圣地——青城山,以及伏龙观、安澜索桥、玉垒关、离堆公园、玉垒山公园和灵岩寺等。青城山离都江堰只有十公里,有"三十六峰"、"八大洞"、"七十二小洞"、"一百八景"之说。全山郁郁葱葱,幽远宁静。2000年都江堰和青城山被列入世界文化遗产名录。

都江堰默默地在我国的西南一隅横卧着,滋润一方土地,造福一方百姓。陆游曾经赞颂李冰父子:"生不封侯死庙食,丈夫岂独抱志长默默!"是啊,为人民作出贡献的官员,就算不能立刻得到美名,也一定会被历史铭记,人民也不会忘记他的功勋。

无坝引水　无坝引水是利用河流的水文、地形等条件,直接在河道上引水的水利工程。它利用渠首枢纽和渠系规划进行工程管理。黄河河套段宁夏和内蒙古引黄灌区、海河流域的引漳十二渠等也采用了无坝引水工程技术。我国最早的无坝引水工程就是都江堰。

❋ ❋ ❋

始知李太守,伯禹亦不如。

——(唐)岑参

奠定基石秦王朝

战国末年,先后出现齐、楚、燕、韩、赵、魏、秦七个国家,它们征战杀伐,互相角逐。秦王嬴政顺应历史发展潮流,从公元前230年起,征战十年,先后灭掉其他六国,于公元前221年完成统一大业,登皇帝位,建立秦朝。秦朝的建立,开创了中国封建王朝的先河。自此,一个规模空前的统一的多民族的封建国家初步形成。

统一后的秦国土地面积和人口数量超过了秦以前的各个朝代。秦王嬴政踌躇满志,认为"王"的称号已不足以显示其至高无上的地位和尊贵,自以为德兼三皇,功过五帝,于是保留"皇"字,兼采上古"帝"号,创造了前所未有的"皇帝"这一称呼,自称"始皇帝",也即第一位皇帝,并规定"后世以计数,二世三世以至于万世传之无穷"。从此,"皇

帝"就成为我国封建时代历代王朝最高统治者的专称。臣民对其称"陛下",他自称"朕",并将其专有之印称为"玺",将其死称为"崩",权力无所不能,地位至高无上。自此,皇帝制度建立了。

秦王将前朝的分封制改为中央集权制。秦始皇听取了丞相李斯的建议,废除分封制,采用维护新兴地主阶级利益的郡县制。他分天下为三十六郡,每个郡设郡守,由郡守掌管全郡事务,又置监御使。每郡设若干县,县设县令或县长,掌管全县事务。县以下的机构是乡和亭,十里一亭,十亭一乡。郡县的主要官吏均由皇帝直接任免、调动,不得世袭。各郡每年必须定期"上计",向中央汇报租税收入、户口增减及治安情况。秦始皇调整官僚机构,在中央设"三公"即左右丞相、御使大夫、太尉,在"三公"下一级设负责具体事务的"九卿"。秦始皇推行封建专制主义的中央集权措施,把国家的政治、经济、军事大权集中在自己一人手中。政事无论大小,全由皇帝决定,这就从体制上做到防止大权旁落,维护了皇帝的绝对权威和统治。这种统治模式一直延续了两千多年。

秦始皇又下令统一六国的货币与度量衡。由于各国的货币大小、重量、形制、币值不一,存在刀币、布币、贝币等不同币种,十分混乱。秦始皇决定对这些币种予以废

止,改用两种通行货币:一是上币即黄金,以镒为单位,每镒二十两;二是下币即圆形方孔的铜质"半两钱",每枚重十二铢。货币的统一,大大促进了商品交换。因半两钱便于携带,以后各个朝代都仿照这种样式铸造铜钱。度量衡和货币的统一,为工商业的发展创造了有利条件。

在文化与交通上,秦始皇推行"书同文"、"车同轨"政策。在统一全国当年,秦始皇宣布废除西周以来的书写文字大篆和古文及其他文字,以秦相李斯订正的秦文字(小篆)为全国统一标准字体,规定将丞相李斯和赵高主编的小篆字书作为课本,通令全国使用。后来又推广"秦隶"——这是一种比小篆更易于书写的字体,它是由一个叫程邈的犯人在监狱里总结出来的,因其简易而得到秦始皇的赞赏。秦始皇采取大规模的移民措施消除了方言的障碍。在交通方面,在秦统一之前,各国的车辆大小不同,有驷马车、独轮车、辎车;车道也有宽有窄。为了改善这种状况、促进统一事业,秦始皇规定车轮之间的距离一律为六尺,以便于车辆在全国各地行驶往来。

秦朝结束了奴隶制社会。秦始皇运用一系列治国之策使秦的疆域得到扩大,人口达到空前的规模,"六合之内,皇帝之土;人迹所至,无不臣者"。

在春秋战国时代,岭南地区少有中原人涉足,当地的

土著居民被称为"百越",他们也远离中原文明。秦始皇首先派遣赵佗等人率领五十万大军征服岭南,并令大军就地屯垦,促进了百越与中原文明的交流与融合。为运送粮草,秦始皇下令修建灵渠,沟通了长江流域和珠江流域。

居住在北方地区的少数民族匈奴以游牧生活为主,逐水草而居,崇尚武力。其首领单于经常率兵掠夺北方边境的人口、粮食、牲畜。为了消除威胁,公元前215年,秦始皇亲自视察整个北部地区,制定了收复河套地区的战略。公元前214年,秦始皇派大将蒙恬率三十万大军北击匈奴,占领河套一带的广大地区。他还迁移了大量内地居民到那里定居生产,并设置了四十四个县。渡过黄河后,秦军占据了黄河北岸的很多军事要地。秦始皇在全国征用民夫,大规模地修筑长城,并在原先六国城墙的基础上加以连接、修复,再向东西两个方向延伸,逐步修建起了一条西起临洮、东到辽东的万里长城。

长城,凝聚着中华民族的毅力与智慧。见到它的人都会惊叹:长城凝聚着历史,长城就是历史。秦朝对中国历史作出了开创性的贡献,但也浸渍着人民的汗水与血泪,孟姜女哭长城就是典型的例子。

孟姜女和范喜良是一对新婚不久的年轻夫妻。那时秦始皇下令抓壮丁修长城。边关天气严寒,被征去的壮丁缺衣少食，监视他们的衙役又十分严苛，大家被逼得从早干到晚，一时一刻都不能停歇。汗水滴在砖块上凝成了冰，血滴在石头上留下了殷红的暗影，被征去的年轻人死了一批又一批。

孟姜女和范喜良在结婚的第二天，正在向老父亲敬茶，喜气洋洋的气氛被突然冲进来的一群衙役打破。他们不由分说，就把范喜良用绳子捆住，要带他走。孟姜女急忙冲过去，被领头的官兵一把推开："妇道人家，别妨碍公务！这是皇帝的命令，我们要带范喜良去修长城！"

从此以后，孟姜女日夜思念丈夫。她知道修长城的人多半有去无回，但还是每天祈祷，只盼望苍天怜悯自己，保佑丈夫平安归来。冬天到了，大雪纷纷扬扬。孟姜女心里挂念丈夫身处边关，天寒地冻，无衣御寒，便日夜赶着为丈夫缝制棉衣。棉衣缝制好了，孟姜女简单地收拾好东西，千里迢迢踏上寻夫路程。这一路，她跋山涉水，风餐露宿，不知饥渴，不知劳累，昼夜不停地往前赶。终于有一天，她看到了蜿蜒在群山中的万里长城。

孟姜女沿着城墙延伸的方向一路走一路问，可是没人听过"范喜良"这个名字。还有人嘲笑她："修长城的人千百万，你这样要问到什么时候？"可是她毫不气馁，继续向前走去。终于在问一个老人的时候，老人抬起头，重复了

一遍:"你找范喜良?""是啊,老伯,您可认识他?"孟姜女精神一振,兴高采烈地问道。老伯神情复杂地看着她,说:"唉,孩子,前些日子他就吐血死了,就埋在这长城脚下啊。"

孟姜女不相信地看着他。老伯连连叹息,索性停下了手里的活,带着孟姜女来到了埋葬范喜良的长城脚下:"你看,就是这里,"老伯指着风雪中的山峦说道,"死了的民夫,都就近埋在长城脚下。"

望着看不到尽头的长城,孟姜女悲愤交加。她想自己千里寻夫送寒衣,历尽千难万险,到头来却连丈夫的尸骨都找不到。她越想越难受,不禁悲从中来,便向着长城昼夜痛哭。十天十夜之后,忽然轰隆隆一阵天摇地动,飞沙走石,长城倾倒了整整八百里。

秦始皇嬴政 秦始皇嬴政生于公元前259年,卒于公元前210年。他是中国历史上首位皇帝,大秦王朝的创建

者,秦庄襄王之子。公元前247年,秦庄襄王去世,立嬴政为王。公元前238年,他开始料理国事。从公元前230年到公元前221年,他先后率兵灭掉其他六国,建立起以咸阳为首都的封建帝国,并自称"始皇帝"。公元前210年,他在出巡途中病逝于沙丘,后葬于骊山。

❋ ❋ ❋

惜秦皇汉武,略输文采。

——毛泽东

凿空西域博望侯

　　羌管悠悠,阳关丝路行;黄沙漫漫,何处是天涯?
　　去国经年,囚居十一载;出使西域,何日是归程?
　　公元前138年,汉朝都城长安旌旗猎猎,鼓乐齐鸣。龙楼门外,汉武帝率众文武官员正在为出使西域的使团送行,众多长安百姓也纷纷赶来,目睹这旷古未有的盛况。使团的首领名叫张骞。张骞受汉武帝委派,在万众欢呼声中,率领大汉使团出发了。
　　这一走,他将遇到想不到的艰难坎坷,踏上难以预测的凶险征途。
　　一个月后,风尘仆仆的张骞率领使团来到汉朝的西部边陲——阳关。当时汉朝有两处通往西域的关口——阳关和玉门关。出玉门关,沿着车师、焉耆、龟兹一线可至西

域,可这几个国家当时均已被匈奴军队占领。汉朝与匈奴正处于敌对状态,张骞一行出使西域的目的就是联合西域诸国共同对抗匈奴。若出玉门关,不仅使团人员要面临极大的生命危险,而且会难以完成出使西域的任务。张骞决定率使团出阳关,沿着楼兰、若羌、且末、于阗一线向前进发。

"劝君更尽一杯酒,西出阳关无故人。"使团出阳关后,再难看到汉兵汉将,再难见到汉人家,只是偶尔遇到西域的商队,偶尔听到胡人的琵琶声、羌人的笛声。行走在戈壁沙漠上,白天高温酷热,夜晚冰冷刺骨,更有狂风肆虐、流沙侵袭。张骞等人虽然经历着严酷的自然环境的考验,但他们的意志就像西域的胡杨一般,坚忍顽强。

不久后,张骞使团路经一小片绿洲,绿洲周边有胡杨围绕。经历了戈壁大漠的鞍马劳顿,见此处水草丰美,张骞命令大家在此下马休整,补充给养。正在使团休息时,哨兵突然报告发现了匈奴人的小股骑兵。张骞立刻命令停止休整,指挥使团摆出战斗队形,并在胡杨林中设下了伏兵。这一股匈奴兵有勇无谋,被张骞打得大败。

但这件事情也提醒了张骞,尽管他们出阳关,走的是相对安全的南路,但仍然要面对匈奴军队的侵扰,必须加强使团的战斗意识,提高使团的警惕性,保证使团的安全。

他建立了巡防制度,努力提高使团成员的军事素养。

又走过一片茫茫沙漠,使团来到克里雅河边。河流两岸山峦起伏,山尖的冰雪在太阳的照射下闪着银光。在这圣洁的银光里,不时有雄鹰飞过。这里的冰雪融水让克里雅河水奔流不息,滋养了生活在这一方土地的人们。张骞打开地图,发现该河流位于于阗国附近。要想抵达于阗国国都,需要沿着克里雅河的峡谷一直前行。于是,他带领使团马不停蹄地沿峡谷前进。

但张骞未曾料想到,于阗国已被匈奴人占领了。匈奴人此前已经获得了汉朝使团西行的准确情报。他们派出了大量军队在克里雅河两岸设伏,只待张骞等人进入伏击圈,便大开杀戒。尽管张骞使团作了一定的军事准备,但面对匈奴大军仍显得寡不敌众。然而,使团人员并没有被匈奴人吓倒,他们英勇战斗,血染征袍,誓死不降。张骞此时也被匈奴军队包围。他手持长剑,面不改色,勇敢战斗。突然,一位匈奴骁将杀奔过来,挑落张骞手中的剑,众多匈奴兵趁机将张骞拉下马,捆绑起来。

匈奴兵将张骞押往大都督山戎乌达帐前。山戎乌达对张骞威逼利诱,但张骞誓死不降。张骞已下定决心,生为汉臣,死留汉魂。山戎乌达见劝降不成,只得把张骞送到西王庭最高长官右谷蠡王面前。当时匈奴设有东西两

个王庭。王庭最高长官掌握数十万兵马,在匈奴的政治军事活动中发挥着举足轻重的作用。占领于阗国后,西王庭最高长官右谷蠡王便将王庭设在于阗国的国都。

见到张骞后,右谷蠡王首先赞赏了张骞的胆识,并命人呈上一套匈奴高官的衣帽。他向张骞许诺,如愿归降,将得到高官厚禄、锦衣貂裘。张骞严词拒绝。右谷蠡王震怒,下令左右武士杀死张骞。右谷蠡王的一位谋士进言,认为张骞是汉朝使节,杀死张骞就意味着对汉朝宣战,望王爷三思而后行。右谷蠡王听取了谋士的意见,将张骞由死罪改为囚禁。

可是这一囚禁,就是十一年。十一年间,张骞被严加看管,不能离开禁地一步。为了控制张骞,匈奴人强迫他娶了匈奴女子,匈奴守卫要定期向上级报告张骞的生活和思想情况。张骞不能像汉人一样从事农耕,而要像匈奴人那样牧马放羊。他也不能读汉朝的书,每天只能在梦里回忆大汉的山川风貌,日夜思念着故乡的一草一木、乡音乡情。

在被囚禁十一年后,张骞终于等到了逃走的机会。他连夜策马狂奔,来到了葱岭(今帕米尔高原)之东的叶城,摆脱了匈奴人的追击。历经千难万险,张骞心中仍秉持着最初的梦想——出使西域、联通各国。于是,他继续西行,

越过葱岭,跨过叶尔羌河,伴着悠扬的羌笛声,经莎车国、疏勒国,来到了大宛国(今乌兹别克斯坦费尔干纳盆地)。

张骞觐见大宛国国王,向他详细陈述匈奴对汉朝的威胁及对西域各国的侵害,指出西域各国只有与汉朝结盟,共同对抗匈奴,才能获得长久的安宁。听了张骞的分析后,大宛国国王同意与汉朝结盟,汉朝在西域获得一个有力的盟友。张骞在觐见大宛国国王后,认真考察了大宛国的风土民情,发现大宛国盛产一种叫作"汗血宝马"的名驹。这种马奔跑起来速度快、耐力好,张骞认为可以做汉朝的军马。

顺利完成出使大宛国的任务后,张骞继续西行,经康居国、大夏国来到大月氏。大月氏是西域大国,其居民原生活在祁连山一带。很多年前,大月氏被匈奴人击败,从祁连山逃到了伊犁河流域,后来又迁移到妫水一带(今阿富汗阿姆河流域)。在张骞到达大月氏时,大月氏已经成为西域仅次于匈奴的强国。当时大月氏的政权掌握在该国贤明的王后手中,国内存在亲汉和亲匈奴两派。王后在与张骞的会谈中,表明她知道汉朝国力蒸蒸日上,已有击败匈奴的实力,与汉朝结盟对大月氏来讲利大于弊。但国内的亲汉与亲匈奴两派斗争激烈,如果马上与汉朝结盟,大月氏国内很可能会爆发内战。王后表示虽然不能和汉朝马上结盟,但是大月氏愿意和汉朝建立友好的邦交关系。

张骞在同大月氏王后商定建立友好邦交关系后,较圆满地完成了出使西域的任务。此时距他离开长安、离开汉朝已有十三年之久。

池鱼思故渊,游子思故园。

张骞开始了归国的行程。他再次跋涉数万里,历经戈壁大漠、荒山峻岭、风霜雨雪的重重考验,终于手持陈旧的汉节回到了汉朝都城长安。得知张骞圆满完成出使任务归国,汉武帝非常高兴,在皇宫召见了张骞。张骞将路上的经过详细奏明,并将西域各国的国势民情、地理风俗详细禀报。同时,张骞回国后也逐渐得知,这十三年间,汉朝的军力进一步增强,国富民安,快要到与匈奴决一胜负的时刻了。

汉武帝在元朔六年,任命卫青为大将军,令其率公孙敖、李广、赵信、霍去病、苏建、孙贺等将领,统率精锐部队开赴与匈奴接壤的北部前线。张骞因为通晓匈奴和西域事务,也被汉武帝派去协助卫青等人作战。在定襄一役中,由于采用了张骞的计谋,汉军大获全胜。此后,汉军接连收复上郡、代郡等地,汉朝取得了对匈奴作战的重要胜利。张骞因功被封为博望侯。此后,匈奴进犯北地和右北

平,博望侯张骞再一次随军出征。他率领两万骑兵昼夜行军,救了右北平太守李广之急。

张骞出使西域,加强了汉朝与西域各国的政治联系。公元前119年,张骞率团第二次出使西域,分别访问了乌孙、大宛、康居、大月氏、大夏等国,受到了西域各国的热烈欢迎。乌孙国王还派遣卫队护送张骞回国。西域各国也派遣使团来到汉朝都城长安,觐见汉朝皇帝,有的来商讨抵御匈奴之计,有的则来请求通婚。此后,汉朝在楼兰、轮台等地驻兵屯垦,加强了对这一地区的控制。

张骞出使西域,促进了汉朝与西域各国的经济往来。伴随着丝绸之路的开通,往返于中原、西域间的商队逐渐兴起,西域的葡萄、苜蓿、石榴、胡萝卜、核桃、菠菜、芝麻等作物以及地毯等商品传入中国,中国的缫丝、制器、冶铁、凿井、引渠等技术被带到了西域,促进了西域地区生产力的发展,丰富了西域人民的经济生活。

张骞出使西域,密切了汉朝与西域各国的文化交流。西域的音乐、舞蹈、美术、杂技、雕塑、宗教等逐渐传入中国,对中国文化的发展起到了重要作用。张骞回国后,胡乐、胡舞在长安开始大量出现。中国的造纸术、印刷术等通过丝绸之路传到西方,对人类文明的发展起到了巨大的推动作用。

"凿空西域",这是司马迁对张骞出使西域、开辟丝绸之路的伟大历史功绩的称赞。颜师古在《汉书》注中指出,汉武帝之所以封张骞为博望侯,是"取其能广博瞻望"之意。在出使西域的过程中,张骞不仅丰富了自己的见识,也扩大了当时汉朝人的视野,使炎黄子孙"能广博瞻望",对此后中国人的世界观、天下观的形成和发展起到了重要作用。

2013年,中国政府提出了建设"丝绸之路经济带"的新设想。"丝绸之路经济带"东起中国,经由中亚诸国,与西方相连,旨在加强中西国家的经济文化交流,促进这一地区的贸易投资与合作,加快该地区的能源、资源开发利用。古老丝绸之路又焕发出新的时代光芒。

丝绸之路　丝绸之路是指起始于古代中国的政治、经济、文化中心——古都长安,连接亚洲、非洲和欧洲的古代路上商业贸易路线,西汉时期由张骞首次打通。它跨越陇山山脉,穿过河西走廊,通过玉门关和阳关,抵达西域,沿绿洲和帕米尔高原,经过中亚、西亚,最终抵达非洲和欧洲。它也是一条东方与西方之间进行经济、政治、文化交流的主要道路。它的最初作用是运输中国古代出产的丝绸。因此,当一位德国地理学家最早在19世纪70年代将之命名为"丝绸之路"后,很快被世人广泛接受。

❋ ❋ ❋

合抱之木,生于毫末;九层之台,起于累土;千里之行,始于足下。

——(春秋)老子

史家绝唱司马迁

司马迁是中国历史上伟大的史学家。他因直言进谏而遭受宫刑,但他却并未因此一蹶不振,而是忍辱负重,发愤著书,创作了名震古今中外的史学巨著《史记》,为中国人民、世界人民留下了一笔珍贵的文化遗产。司马迁花费一生的精力,忍受了肉体上和精神上的巨大痛苦,用整个生命写成《史记》。鲁迅将《史记》誉为"史家之绝唱,无韵之离骚"。

司马迁出生于陕西黄河岸边的一个史官世家。他的祖先自周代起就任王室太史之职,掌管文史星卜。司马迁的父亲司马谈是汉武帝在位时期著名的史官,他任太史令达三十年之久。司马谈博闻强记,精通天文、易学和黄老之学,终生致力于史学,并立志要编写一部史书,记载从黄

帝到汉武帝这两千六百年间的历史。司马迁深受父亲的影响,幼年时读书就很勤奋。他十岁时就已开始学习古文,并能诵读《左传》、《春秋》、《国语》等优秀的作品。后来他随父亲去了长安,向当时著名的经学大师董仲舒、孔安国学《公羊春秋》和《古文尚书》。

汉武帝元朔三年(公元前126年),二十岁的司马迁为了搜集史料、开阔眼界,满怀求知的渴望离开首都长安,开始了他的游历生活。他遍踏名山大川,并在祖国各地实地考察历史遗迹。他曾到过曲阜,考察孔子讲学的遗址;到过长沙,在汨罗江边凭吊爱国诗人屈原;到过姑苏,眺望范蠡泛舟的五湖;过大梁,到夷门,并考察秦军引河水灌大梁的旧地;到过楚,访问春申君的宫殿遗址;到过薛地,考察孟尝君的封邑;到过汉高祖刘邦的故乡,听沛县父老讲述刘邦起兵的情况;到过淮阴,访求韩信的故事。此外,他还北过涿鹿,登长城,南游沅湘,西至崆峒。

司马迁通过这次游历开阔了眼界,增长了知识,了解到许多历史人物的逸闻趣事以及许多地方的民情风俗,从民间语言中汲取了丰富的养料,这为他后来撰写《史记》打下了重要的基础。

元封元年(公元前110年),汉武帝举行封禅大典。司马谈身为太史令,却因有病无缘参与这一盛事而引为终生

之憾,忧愤而死。司马谈临终时,泪流满面地拉着儿子司马迁的手说:"我死以后,你必为太史令。做了太史令,莫忘了我要写出一部通史的遗愿。今大汉兴盛,海内一统,上有明主贤君,下有忠臣义士。我身为太史令,而未能亲予记载,愧恨不已。你一定要完成我的未竟之业!"父亲的谆谆嘱托,使司马迁深受教益。父亲作为一名史学家所具有的使命感和责任感令他非常敬佩,但他也深知父亲将自己毕生未竟的事业寄托给自己,自己身上担负的责任有多么重大。司马迁流着眼泪,悲痛而坚定地向父亲承诺:"儿子我虽然没有什么才能,但我一定会努力实现您的宏愿。"

司马谈去世后,司马迁果然承袭父职,做了太史令。这使他有条件阅读到大量的图书文献和国家档案,为他日后撰写《史记》提供了条件。可是,资料整理工作非常繁杂。当时的那些藏书和国家档案都杂乱无序,连一个可以查考的目录都没有,司马迁必须从一大堆的木简和绢书中寻找线索,去整理和考证史料。司马迁数年如一日,绞尽脑汁,费尽心血,几乎天天都在埋头整理和考证史料。但是司马迁并不觉得做这样的工作枯燥和辛苦,因为他一直铭记着父亲的遗志,决心像孔子编纂《春秋》那样,撰写出一部同样能永垂不朽的史著。

太初元年(公元前104年),司马迁在主持历法修改工

作的同时,正式动手撰写《史记》。但是天有不测风云。天汉二年(公元前99年),司马迁因李陵事件惹祸。这年夏天,汉武帝派宠妃李夫人的哥哥、贰师将军李广利领兵三万讨伐匈奴,并派李广的孙子李陵随从李广利押运辎重。李陵带领步卒五千人出居延,孤军深入浚稽山,遭遇单于主力。匈奴单于以八万骑兵围攻李陵,但是李陵的箭法精准,兵士也十分勇敢,五千步兵竟杀了五六千名匈奴骑兵。单于兵力虽多,但仍然无力与李陵相抗衡。当单于准备退军时,李陵手下有一名军侯叛变,将李陵后面没有救兵的内部军情告诉了单于,而且教单于部下制作连发连射的弓弩。单于改变了主意,继续与李陵作战。李陵终因寡不敌众,不幸被俘,只有四百多汉兵成功突围。

　　汉武帝听到李陵兵败的消息后,愤怒万分。他原本以为李陵会战死沙场,没想到李陵却投降了敌国。于是,汉武帝一气之下把李陵的母亲和妻儿都关进监狱,并且召集大臣,要他们议一议李陵的罪行。满朝文武官员几天前还在纷纷称赞李陵英勇,现在却附和汉武帝,谴责李陵贪生怕死,向匈奴投降。但司马迁却与这些见风使舵、落井下石的朝臣们意见不同,他认为李陵平时孝顺母亲,对朋友讲信义,对人谦虚礼让,对士兵有恩信,能急国家之所急,有国士的风范,投降定有难言的苦衷。于是当汉武帝询问

他的意见时,他坦诚地对汉武帝说:"李陵只率领五千步兵,深入匈奴境内,孤军奋战,杀伤了许多敌人,立下了赫赫战功。在救兵不至、弹尽粮绝、走投无路的情况下,仍然奋勇杀敌,就是古代名将也不过如此。李陵虽然失败了,但他杀伤匈奴兵之多,也足以显赫于天下了。他之所以不死,而是投降了匈奴,一定是想寻找适当的机会将功赎罪来报答皇上。"汉武帝听了,认为司马迁这样为李陵辩护,是有意贬低劳师远征、战败而归的李广利,于是勃然大怒,说:"你这样替降将强辩,不是存心反对朝廷吗?"他下令把司马迁打入监狱,交给廷尉审问。

司马迁下狱以后,案子落到了当时臭名昭著的酷吏杜周手中。杜周使用各种酷刑审讯司马迁,使司马迁遭受了肉体和精神上的残酷折磨。但面对残忍的酷吏,他始终不屈服,也不认罪。不久,有传闻说李陵曾带匈奴兵攻打汉朝。汉武帝听信谗言,信以为真,便草率地处死了李陵的母亲、妻子和儿子,司马迁也因此事被判了死刑。第二年,汉武帝杀了李陵全家,转判司马迁腐刑。腐刑在当时是个奇耻大辱,辱及先人,见笑于亲友。后来司马迁在《报任安书》中提及此事时感慨万千地说:"遭遇了这样的灾祸,又被乡里之人、朋友羞辱和嘲笑,污辱了祖宗,有什么面目再到父母的坟墓上去祭扫呢?到百代之后,这污垢和耻辱会更加

深重!因此,每日我腹中都痛如刀绞,坐在家中,精神恍恍惚惚,好像丢失了什么,却不知从何寻起;出门则不知道往哪儿走。每当想到这件耻辱的事,冷汗不禁从脊背上冒出来,沾湿衣襟。"

司马迁在精神上受到了极大的打击。他曾一度想以自杀来了却残生。但他想起了父亲的遗言,想起了自己一直渴望而未完成的著书梦想,于是以古人的事迹来鞭策自己:"从前周文王被关押在羑里,写出了《周易》;孔子在周游列国的路上被困在陈蔡,后来编了《春秋》;屈原遭到放逐,写了《离骚》;左丘明眼睛瞎了,写了《国语》;孙膑被剜掉膝盖骨,写了《兵法》。还有《诗经》三百篇,大多是古人在心情忧愤的情况下写的。这些著名的作品都是作者在心里郁闷或者壮志未酬的时候才写出来的。我为什么不能发愤把这部史书写好呢?"于是,他强忍内心的悲痛,忍辱负重,发愤著书。在撰写《史记》的过程中,他不辞辛苦,夜以继日,参考了众多典籍。他还亲自采访,进行实地调查,精心选择材料,治学态度异常严谨。从传说中的黄帝时代开始,一直到汉武帝太始二年(公元前95年)为止,司马迁用了整整十八年的时间将这段长逾三千年的历史,编写成有一百三十篇、五十二万字的皇皇巨著《史记》。

写完《史记》后,司马迁欣慰而又满怀感慨地说:"我现

在真正地写完了这部书,打算把它藏进深山,传给可传的人,再让它流传进都市之中,那么,我便洗刷了以前所受的侮辱。即使我千次万次地被杀戮,又有什么可后悔的呢!"

然而,令人遗憾的是,司马迁并没有等到名扬天下的那一天就郁郁而终了。司马迁死后多年,他的外孙杨恽才把这部不朽名著公之于世。这部以"究天人之际,通古今之变,成一家之言"为主要目的的史书刚一问世,就因其态度的严谨认真与取材的广博翔实而大受欢迎。汉朝的历史学家班固赞扬司马迁:"其文直,其事核,不虚美,不隐恶,故谓之实录。"高度赞誉了司马迁严谨的治学态度和《史记》记事翔实的特色。

司马迁忍辱负重撰写《史记》的故事启示我们:一个人,无论遭遇怎样的挫折和磨难,只要精神不倒,意志还在,有为自己的梦想冲刺的勇气和信念,那么一切都有可能,一切都有希望。

封禅大典　封禅大典是泰山独有的古老礼仪,它是泰山崇拜与信仰的重要内容。封禅是古已有之的礼仪,是最高统

治者所享有的政治特权。正式见于史载的最早的封禅是秦始皇举行的。秦始皇统一中国后,于公元前219年,自泰山之阳登山。在岱顶行登封礼,并立石颂德。自泰山之阴下山,行降禅礼于梁父山。秦始皇封泰山时祭文和祭礼秘而不传。汉武帝在公元前110年自定封禅礼仪:至梁父山礼祠"地主"神;其后举行封祀礼,在山下东方建封坛,高九尺,其下埋藏玉牒书;行封祀礼之后,汉武帝独与侍中奉车子候登泰山,行登封礼;第二天自泰山之北下山,按祭后土的礼仪禅泰山东北麓的肃然山。此后,汉武帝又曾五次来泰山举行封禅仪式。汉武帝之后前往泰山封禅的帝王还有唐高宗、唐玄宗、宋真宗。宋真宗之后,帝王来泰山只举行祭祀仪式,不再进行封禅。

❋ ❋ ❋

　　执古以绳今,是为诬今;执今以律古,是为诬古。

——(清)魏源

大义出塞王昭君

正是秋高气爽的季节,广袤的草原上缓缓行来一列车队。即将进入匈奴境内的时候,车队停下了,从一辆装饰华丽的车中款款走下一位女子。阳光照亮了她的面孔,她看起来是那么光彩照人。她打量着苍茫的草原,领队的士兵走到她身边,轻声问她:"公主,快要到了。您有什么吩咐吗?"女子回头望着走过的土地,怅然问道:"这就离开我们汉朝的疆土了吗?""是的。"士兵躬身回答。

女子望着阳光下绵延的山脉、奔流的河水,两行清泪从她的眼角潸然落下。风轻柔地吹动她的鬓发,宛若她对故乡恋恋不舍的情感。再往前走,登程北去,就将永远离开故土。周围的士兵和随员的脸上都显露出悲戚的神色,眼看着这一位柔弱的女子就要承担起汉朝与匈奴彼此友

好交往的使命,远嫁他方,恐怕此生永远不能再踏上故乡的土地了。一时间车声、人声都静了下来,人人眼中都泛起泪光。

女子的脸上却又逐渐显出坚毅的神色。此时此刻,对故乡的情感越是深重,她就越是明白自己肩负的使命重大。她是为了和平远赴匈奴的,她认为如果能够实现这样的梦想,让汉匈再不互动兵戈,人人安居乐业、幸福生活,自己的选择就是值得的。

蓝天之下,悲壮的琴声响起,在天地之间久久地回荡。琴曲缠绵反侧,真切地表达了女子对家乡浓得化不开的深情,以及对故乡人民最深切的祝福。琴声忽作激越的声调,表现了女子为了实现目标一往无前的决心。

一曲奏完,女子登车而去。这位为了汉匈和平付出毕生努力的女子,叫作王昭君。

汉宣帝在位的时候,汉朝强盛了很长一段时间。那时候,匈奴由于内部不同的势力相互争夺权力而衰落,再也不能像过去一样对汉朝造成致命的威胁。后来,匈奴发生分裂,五大势力彼此分立,互相攻打不休。其中一股势力的单于名叫呼韩邪。在一次战斗中,他被自己的哥哥郅支单于打败了,人马死伤无数,形势危急。呼韩邪和部下再三商量,还是不愿向自己的哥哥投降,转而跟汉朝和好。

于是他亲自带着部下来朝见汉宣帝。

呼韩邪是第一个来朝见汉朝皇帝的匈奴单于。汉宣帝高兴极了,将他视作贵宾,以最高的规格招待他,亲自到长安郊外去迎接他,还在宫里举行了盛大的宴会招待他。

对于汉宣帝的好意,呼韩邪单于十分感激,一心一意和汉朝和好。西域各国听到匈奴和汉朝和好了,也都争先恐后地同汉朝打交道。汉宣帝死后,他的儿子汉元帝继续沿袭汉宣帝的政策,以最大的诚意对待呼韩邪,希望实现汉匈和平。后来,依靠汉朝的支持,经过相当长时间的斗争,呼韩邪终于打败了哥哥,稳固了自己的单于地位。公元前33年,呼韩邪单于再一次来到长安,希望同汉朝和亲。汉元帝同意了。

远嫁匈奴,永离故土,去过跟自己过去的生活完全不一样的日子,语言、风俗等都要从头学起,可能再也没有机会见到自己的父母、亲人,这对任何人来说都是十分残酷的。汉元帝深知这一点,他吩咐人到后宫去传话:"谁愿意主动嫁到匈奴去,皇上就把她当公主看待。"

后宫的宫女都是从民间选来的。她们一进了皇宫,就像鸟儿被关进笼子一样,没有一点儿自由,无时无刻不巴望着早早出宫去。远嫁匈奴和亲的消息很快在后宫传开,宫女们纷纷议论着:"虽然能出宫,但是听说要去匈奴啊,

谁会这么傻?""就是,一辈子都回不了家乡了,何必去吃那个苦?""还不如一辈子在宫里呢。"大家都不乐意去。

有个宫女叫王嫱,也叫王昭君。她长得十分美丽,而且很有见识。听到这个消息时,她心思一动,暗暗咬住嘴唇没有说话。一连好几天都没人应征报名,汉元帝十分生气。办事的大臣也很着急,正不知道怎么办才好,突然见到一个年轻美丽的宫女走上前来,施了一礼,说道:"我叫王昭君,我愿意去匈奴和亲。"办事的大臣见王昭君肯去,喜出望外,马上就把她的名字上报给汉元帝。汉元帝松了一口气,随即吩咐办事的大臣择个日子,让呼韩邪单于和王昭君在长安成亲。呼韩邪单于看到她迎娶的是这样一个年轻貌美的妻子,又高兴,又感激,喜悦的心情自然不必多说。过了一段时间,呼韩邪单于和王昭君就要离开长安前往草原了,他们向汉元帝谢恩准备出发。此时,汉元帝看到王昭君竟然是这样一位美丽又大方的女子,多少有点舍不得。他很想把王昭君留下,可是事情已成定局,做什么都来不及了。

传说汉元帝回到内宫,越想越懊恼。他命人从宫女的画像中拿出王昭君的像。仔细看上去,这画上的人儿虽说模样和五官与王昭君都有点像,但完全没有画出王昭君本人的神韵。原来,汉朝的宫廷有个不成文的规矩,宫女进

宫后一般见不到皇帝,都由画工统一画了像,送到皇帝那里去等候挑选。有个画工名叫毛延寿,是个贪财好利的人。在他给宫女画像的时候,只有收到礼物,他才肯把她们的像画得美一点。王昭君性格很倔强,小姐妹们都劝她,让她给毛延寿送点礼物,王昭君就是不愿意。在给她画像的时候,毛延寿匆匆涂了几笔就说画完了,根本没有把王昭君的美貌如实地画出来。汉元帝知道实情后,一气之下,下令把毛延寿杀了。

王昭君在汉朝和匈奴双方官员的护送下离开了长安,千里迢迢地来到了匈奴,做了呼韩邪单于的妻子。之前嫁入匈奴的汉族女子,绝大部分都适应不了草原的气候和匈奴的饮食习惯,过不了多长时间就会生病,甚至死去。因此,当匈奴人看到单于的妻子王昭君是这样一位如花似玉的女子时,都暗暗议论:"公主太娇弱了,只怕适应不了咱们的生活呀。"

可是王昭君却是一位异常勇敢聪明的女子。她没有在困难重重的生活面前退缩,而是让自己主动地去适应匈奴的风俗,积极地融入匈奴人民的生活。在前往匈奴的途中,王昭君请随行的匈奴士兵教自己匈奴的语言。她白天黑夜都在不断练习,很快匈奴话就说得像这些士兵一样熟练。那些士兵都很喜欢她,还教她骑马。到了匈奴没多

久,王昭君就像匈奴人一样熟练地用起刀子。跟之前到达匈奴的汉族女子全然不同,她既美丽,又活泼、善良,还能书善画。她弹起随身携带的琴,连天上的鸟儿都被这美妙的音乐吸引过来。又过了一段时间,王昭君甚至学会了狩猎。她和草原当地的女郎已经没有区别。因此,王昭君更加受到单于的宠爱和当地人民的敬爱。

王昭君远离自己的家乡,一直长期定居在匈奴,在草原上走完了她的人生。她始终牢记自己的使命,劝呼韩邪单于不要去发动战争,还把中原的文化、风俗传给匈奴人民。从此以后,匈奴和汉朝和睦相处,有六十多年没有发生战争。

青冢 青冢是指西汉时期远嫁匈奴单于的王昭君的陵墓。它位于今天内蒙古自治区呼和浩特市南。传说当地多生长白色的草,唯独昭君陵墓上的草是青色的,因而人们以"青冢"命名。"青冢"这个词在典籍中的第一次出现,是在对一首诗的一条注解中:北地草皆白,唯独昭君墓上草青,故名"青冢"。"冢"在古代专指高大的陵墓。

✺ ✺ ✺

　　一身归朔漠,数代靖兵戎。若以功名论,几与卫霍同。

　　　　　　　　　——青冢碑刻

医术高超华元化

华佗,字元化,是东汉末年著名的医学家。他一生四处行医,救治百姓,美名远扬。后世的《后汉书》《三国志》等都为他立传。

华佗精通内外科、妇科、儿科,尤其擅长外科。华佗创造了麻沸散和剖腹术,用于外科手术,以减轻病人的痛苦。华佗还重视身体的保健,模仿虎、鹿、熊、猿、鸟的动作创造了五禽戏。华佗生活的时代,军阀混战,民不聊生。他深入民间,救死扶伤,人们十分感激、尊敬他。

华佗医术高超,主要因为他研读了很多医学经典著作,如《黄帝内经》《神农本草经》等。华佗还游历了不少地方,到处采集草药,向百姓学习医药知识,搜集各种偏方。华佗开的药方,往往能药到病除。有的病人需要针灸

治疗,华佗会找到某个穴位,燃烧艾条熏烤以减轻病人的疼痛。有时他用针扎某个穴位,病人很快就痊愈了。如果腹部有病的病人病得很严重,扎针吃药都没有效果,华佗就会用剖腹术。他先用麻沸散对病人进行麻醉,不久病人就如醉死一样,毫无知觉。然后,华佗就切开患处,取出结积物。再缝好伤口,用药膏敷上。一个月左右,病人的伤口便会愈合。

华佗还会运用心理疗法来治疗疾病。一次,一位太守请华佗看病。华佗接受了太守的许多财物,却表现出不给他好好看病的样子,不久又弃他而去,并留下一封书信骂他。太守大怒,派人去追杀华佗。太守的儿子知道事情的真相,他悄悄地拦住了去追杀华佗的人。没有捉拿到华佗,太守非常愤恨,吐出了几升黑血,病却很快就好了。原来,华佗就是要用激将法逼这位太守吐出淤积的黑血达到治病的目的。

在华佗行医的过程中,发生过很多小故事。有一则故事说官吏倪寻、李延同时因为感冒来就诊,症状都表现为头痛发烧。他们都以为需要用同样的治疗方法,可是华佗却开出了不同的药。两个病人十分不解,询问原因。华佗解释:"倪寻的病是外实症,需要用药把病毒泻下来。李延的病是内实症,应当发汗驱病。病因不同,治疗也应当用

不同的方法。"两人服了不同的药,第二天早上都好了。

华佗给关公"刮骨疗毒"的故事可谓家喻户晓。三国时,关羽在樊城攻打曹操。在征战过程中,关羽的右臂被曹军毒箭射中。伤口肿痛、发青,关羽和部下束手无策。有人前来报告,说名医华佗前来拜访。关羽问华佗有没有医治的方法。华佗回答:"有是有,不过怕您忍受不了剧烈的疼痛。"关羽大笑,说:"我关羽千军万马都不害怕,还怕疼痛么!"华佗回答:"现在毒已经深入骨头。我打算在房梁上吊下一个铁环,让您把右臂伸进铁环中,把眼睛用布蒙上后再做手术。"关羽说:"不用麻烦了,先生您直接做手术吧。"华佗听后,敬佩之情油然而生。次日,关羽和手下一起下棋,召来了华佗。他伸出右胳膊准备让华佗做手术。华佗抽出消过毒的尖刀,从箭伤处割开关羽的右臂肌肉,只见骨头已经变成青色。他用刀将关羽骨头上的箭毒刮干净,然后缝合伤口,做好包扎。在整个刮骨过程中,关羽都面不改色,谈笑自若。不久以后,关羽的伤就完全好了。

华佗医术精湛,医德高尚,声名鹊起,引起曹操的注意。曹操早年患了一种比较严重的头痛病,后来日益严重。每次头痛病发作时,曹操都感到十分痛苦,头晕目眩。曹操曾延请各地名医,可惜都无法根治。华佗应召前来为

曹操诊治。经过仔细思考,华佗确定了治疗方案。他在曹操胸椎部的鬲俞穴进针,曹操马上就感到头脑清醒,视力清晰,疼痛停止了。曹操十分高兴。华佗却直截了当地对曹操说:"您的病,是脑部瘤疾,很难根治,需要长期治疗,才可以延长您的寿命。"曹操觉得华佗是在故弄玄虚。华佗又说:"您这个病根在脑子里,我需要让您喝下麻沸散,然后用利斧劈开您的脑袋,祛除病根,才能根治。"曹操听后起了疑心,觉得华佗心怀不轨,是想借这个机会替关羽报仇,杀死自己。所以,他一怒之下把华佗关到监狱里,最后杀死了他。华佗临死之前,本想把自己的一卷叫《青囊经》的书交给狱卒保存。但狱卒害怕受到连累,没有答应。华佗无奈之下便烧毁了这卷医书。

华佗死后,曹操非常后悔。他自己的头痛病时常发作,疼痛难忍。后来他的小儿子曹冲也死于疾病。曹操觉得,华佗若在世的话,情况会大不一样。满怀愧疚的曹操就将亳州华佗的故宅修建成了纪念堂,这也就是今天位于亳州城东南的华祖庵。

华佗一生与人为善,济世救人。因为他不贪图名利富贵,所以人们一直深深地怀念和敬仰他。

知识链接

建安三神医 建安三神医是指华佗、董奉、张仲景。董奉被赞为"誉满杏林",他从小就研究医学知识,医术高明。董奉道德高尚,为人治病从不收费用。他每治好一位病人,就让其在自己的住宅周围种杏树,病重的种五棵,病轻的种一棵。几年过去后,杏林满山,成为一段佳话。张仲景是中国东汉伟大的医学家,被后世尊称为"医圣"。他所著的《伤寒杂病论》是中医史上第一部理、法、方、药俱全的经典,集秦汉以来医药理论之大成。

❋ ❋ ❋

人命至重,有贵千金。一方济之,德逾于此。

——(唐)孙思邈

德才兼修诸葛亮

诸葛亮(181—234年),字孔明,号卧龙,徐州琅琊阳都(今山东临沂市沂南县)人,三国时期蜀汉的丞相,杰出的政治家、军事家和文学家。诸葛亮为匡扶蜀汉政权,呕心沥血,鞠躬尽瘁,死而后已。公元234年,他在五丈原(今宝鸡岐山境内)逝世。诸葛亮在世时被封为武乡侯,死后被追谥为忠武侯,东晋政权特追封他为武兴王。诸葛亮受到人们的极大尊崇,成为后世忠臣的楷模、智慧的化身。唐代大诗人杜甫曾作《蜀相》盛赞诸葛亮:"三顾频烦天下计,两朝开济老臣心。出师未捷身先死,长使英雄泪满襟。"关于诸葛亮的典故颇多,人们所熟知的有三顾茅庐、隆中对、火烧博望坡、火烧赤壁、舌战群儒、草船借箭、借东风、三气周瑜、七擒孟获、空城计、六出祁山、病逝五丈原、

死后显圣,等等。不过,诸葛亮小时候喂鸡求学的故事却少有人提及。

相传诸葛亮小时候是水镜先生司马徽的弟子。水镜先生在当时是特别有名望、有才华的隐士。他隐居在襄阳城南的水镜庄,诸葛亮就在这里师从水镜先生学习兵法。在那个年代,人们还没有发明钟表,只是用日晷来粗略地计时。可是令人苦恼的是,如果遇到阴雨天没有太阳,时间就不好把握了。为了计时方便,水镜先生在院子里喂养了一只花颈大公鸡,并用定时喂食的方法训练公鸡按时鸣叫。

天长日久,这只公鸡就养成了一个习惯,每当正晌午总要鸣叫三声。水镜先生就以此来判断时间,一听鸡叫就马上下课。但是诸葛亮特别爱好学习。他听先生讲天文地理和兵书阵法总是异常入迷,总想听先生多讲一些课,以丰富自己的知识、开阔自己的视野,所以一听到鸡叫,就打心里厌烦这只公鸡。后来他就想了个办法,在裤子上缝了个小口袋,每天上学的时候就抓几把小米放在口袋里。每当晌午来临,估计那只大公鸡快要叫的时候,他就悄悄地往窗外撒一把小米。公鸡见到黄灿灿的小米,根本顾不上啼叫就啄食起来。公鸡刚刚啄食完,诸葛亮就再撒一把,直到把口袋里面的小米全部撒完。等公鸡把一小口袋

小米吃完了再啼叫时,下课经常晚了一个多时辰了。

这样过了一段时间,师娘天天饿着肚子等水镜先生过晌,免不了要抱怨几句:"你这位老先生真的成了神人了,每天过了晌午还不知道肚子饿!"水镜先生说:"你没听到公鸡才啼叫吗?"师娘是个聪明人,知道其中必有奥妙。于是第二天快到晌午的时候,她就悄悄地来到了院子里观察,只见那只花颈大公鸡刚要伸长脖子叫唤,就有人从书房窗口撒出一把小米。她走上前,悄悄地把事情看了个仔细,便不声不响地回家了。

这天,水镜先生觉得肚子特别饿,一进门就招呼师娘赶快上饭。师娘等他吃完饭,才走到水镜先生面前笑着说:"没想到你这位老先生还不如小诸葛!"于是她就把刚才看到的情况,一五一十地告诉了水镜先生。水镜先生一听,非常恼火,气愤地说:"这个顽童,竟敢捉弄师长,明日让他回去!"

诸葛亮走了几天后,师娘替他讲情:"小诸葛喂鸡也是为了求学,依我看就饶他一回吧!"水镜先生其实也非常喜欢诸葛亮,并深知诸葛亮不仅聪明过人,而且勤于用脑,学习刻苦,几年寒窗苦读过后,必成盖世奇才,怎舍得让他荒废学业呢?但他转而又想:"看树看直,看人看品。奇才既能成为治国安邦的俊杰,也能成为祸国殃民的奸雄。是收

是退,还要看看他的品行德操才可以定。"于是他就派自己的书童爱玲去隆中暗中察访诸葛亮。

爱玲到隆中暗访了一些时日,回来后向水镜先生讲了三件事:一是诸葛亮因母亲冬天怕冷,他就上山割来水晶草铺在床上。每天晚上,他都要自己先去睡一会儿,为母亲暖床。等把床被都焐热了,再让母亲安睡。二是诸葛亮家离井台只隔两畦菜地,他人小个头矮,怕水桶碰着人家的麻秆篱笆,所以每次挑水都要多走许多路,绕到山脚边再往回拐。三是诸葛亮以前向住家附近一位后生求教时,开口就称其为"先生",并且为了表示感谢,他每天一大清早就去帮那位后生打扫庭院。后来,诸葛亮的才学超过了那位后生,那位后生有空就来向诸葛亮讨教,但诸葛亮依然称他为"先生",每天照旧跑去给他打扫庭院。水镜先生听罢,非常高兴,连连点头说:"小诸葛有如此的品行,日后必为俊杰!"当下他就急忙催爱玲带路,要亲自到隆中接诸葛亮回来上学。

诸葛亮回到水镜庄后,水镜先生想:小诸葛喂鸡延长学习时间,确实体现了一定的智慧。但是他是否对待每件事都能表现出这样的智慧呢?正在水镜先生为此疑惑之时,一个偶发事件让水镜先生疑虑顿消。

一天,水镜先生叫诸葛亮清炖一条鲤鱼。鱼很快就炖

好了,水镜先生接着又叫他挑水。诸葛亮在家种过地,干过家务,很快就挑着满满一担水回来了。一进门,却见水镜先生正对着一班弟子发脾气。原来,那条炖好的鲤鱼不知被哪个弟子偷吃了一半,十几个弟子谁也不承认自己偷吃了鱼。这个时候,只见诸葛亮眼睛一眨,然后惊慌地扔下水桶,跑到水镜先生面前,大声说道:"坏了,坏了,要出人命了!那鲤鱼是用荆芥炖的。荆芥炖鲤鱼就是八步断肠散,我是用它来药野猫子的呀!"他这么一说,一个弟子顿时变了脸色,扑通一声跪倒在地,大声喊道:"先生救命,先生救命!鱼是我偷吃的!"

水镜先生见此情景,木然地怔在那里,不知所措。水镜先生当真以为要出人命,正想责怪诸葛亮,却见他在一旁偷笑。水镜先生恍然大悟,原来这是诸葛亮用的一条计策。

水镜先生看诸葛亮品德优良、聪明过人,就将全部本事传授给了他。诸葛亮经过刻苦学习,终于成为杰出的政治家和军事家,不仅帮助刘备建立了蜀汉政权,而且因其具有优秀的品质和过人的聪明才智为后世人民所敬仰。

司马徽 司马徽字德操,颍川阳翟(今河南禹州)人,是中国东汉末年有名的隐士,名士庞德先生称其为"水镜先生"。他从来不说别人的短处,别人跟他说话,不管好事坏事,他通通说好。(李瀚《蒙求》诗曰:"司马称好。")所以后人又称他为"好好先生"。但遗憾的是,司马徽的才华始终未得施展,一生湮没不彰。

✽ ✽ ✽

夫君子之行,静以修身,俭以养德,非淡泊无以明志,非宁静无以致远。

——(三国 蜀)诸葛亮

千古琴音不绝弹

中国古琴,是君子文化、士人文化的重要象征,代表着高雅与纯粹。古人有"琴棋书画"之说,琴被列为"四艺"之首。千百年来,名曲琴音不绝如缕,余音缭绕,沁人心脾。

(一)琴声谱奏知音曲

1977年8月22日,美国太空探测器"旅行者一号"冲入茫茫宇宙。在远离地球之后,探测器开始不断播放一支旋律优美的曲子。浩渺宇宙无边无际,静悄悄的太空里,这支乐曲反复回响,替孤单的人类寻找宇宙的知音。

这支乐曲就是《高山流水》。它位居中国古代十大名曲之首,是千百年历史上中华民族奏响的最优雅、最动听的声音之一。《高山流水》的背后有一段感动人心的故事,这个故事发生在春秋战国时代。

楚国有一位著名的琴师叫俞伯牙。俞伯牙从小就很喜欢音乐。四岁的时候,俞伯牙在自己跟前整整齐齐地摆了一排茶杯,然后拿起一只筷子,像模像样地挨个敲着它们。俞伯牙的母亲听到了一种奇怪的声音。这声音听起来有些单调,时断时续,但又有一种韵律,清脆悦耳。她不觉循声走去,看到俞伯牙的样子,忍不住笑问:"你在干什么?"俞伯牙回过头,一双明亮的眼睛眨啊眨:"妈妈,我在弹琴呢。"

也许,人和琴之间真的有一种神秘的缘分。从此以后,俞伯牙全身心地投入音乐学习。他非常聪明,十七岁的时候,就成为远近有名的琴师。有人听过他弹琴后说:"您的琴技固然高超,但我曾听过东方一位叫成连的先生弹琴,他的琴技,似乎已经到了出神入化的境界啊。"

俞伯牙听了这话,就立刻简单地收拾了行装,趟过了几条大河,爬过了几座高山,终于找到了琴师成连,拜在他门下学琴。

十年之后,在成连的精心教诲下,俞伯牙的琴技又达到了一个新的境界。别的同学都羡慕他年纪轻轻就有这样的成就,俞伯牙却常常摇头叹息。一天深夜,成连晚上和朋友喝酒回来,走到河边,突然听到有人弹琴。

弹琴的人技艺十分纯熟,优美的旋律吸引了成连。成

连悄悄走近,发现这位在月下独自弹琴的琴师正是他的学生俞伯牙。

成连听了一会儿,笑道:"伯牙,为什么你的琴声听起来这么忧郁?"俞伯牙看到老师,连忙站起来问好,满脸愁苦地说:"老师,最近我无论怎么练习也没法进步。您能告诉我该怎么做吗?"

成连知道了俞伯牙的心思,沉思了一会儿,说道:"你是我最出色的学生,我已经把我的全部技艺都教给了你。至于更高层次的琴艺,我自己也没学好。我的老师方子春是一代宗师。他琴艺高超,对音乐的理解力非常高深。他住在东海的一个岛上。我带你去拜见他,让你听听他的教诲,怎么样?"俞伯牙听后,又惊又喜,高兴地说:"那我这就回去收拾行李!"

成连带着俞伯牙出海了。一天,他们的船行至东海蓬莱岛。成连对俞伯牙说:"你先在蓬莱岛稍候。我去接老师,马上就回来。"说完,他就划着船离开了。过了许多天,成连都没有回来。没有船,俞伯牙只好一个人孤零零地呆在岛上。没有别的事情好做,他只好每天抬头望着大海,大海波涛汹涌。回首望向岛内,山林一片寂静,日出日落,群鸟高高低低地飞翔。身处孤岛的俞伯牙就这样整日与大海为伴,与树林飞鸟为伍,过去所学的音乐一点点地浮

现在他的心头。他终于深深领会了音乐至高无上的美感。

一个月后,成连驾着船出现在岸边。成连望着俞伯牙,发现俞伯牙双眼炯炯有神,脸上闪耀奇异的光辉。

俞伯牙看见老师,什么话也没有说,只是跪下磕了三个响头。成连微微一笑:"伯牙,现在你已是天下最优秀的琴师了。"

经过这段海岛上的经历,俞伯牙突破了艺术上的瓶颈,在琴艺上登峰造极。回到故乡之后,他潜心探索,将自己对音乐、自然和人生的全部体悟,化入一首乐曲之中,这首乐曲就是《高山流水》。

《高山流水》既成,可放眼天下,又有几个人能够懂得它的妙处?就算是绝世琴曲,没有知音欣赏,也不免有几分寂寞。

不久,俞伯牙辞别了老师,带着自己的琴四处游历。八月十五那天,俞伯牙乘船来到了汉阳江口,停泊在一座小山下。晚上,江上的风浪渐渐平息下来。月光流泻,群山巍峨,江流浩荡。面对这样的景色,俞伯牙琴兴大发。他取出随身带来的琴,专心致志地弹了起来。他弹了一曲又一曲,稍一抬头,却猛然看到有个人在岸边一动不动地站着。俞伯牙吃了一惊,手下用力,"啪"地一声,琴弦断了一根。

岸边的人听到断弦声,遥遥地向俞伯牙拱拱手,高声说道:"先生,您不要疑心。我是个打柴的,回家晚了,走到这里听到您在弹琴,觉得琴声绝妙,不由得就听呆了。"

俞伯牙借着月光仔细一看,见那人一身农夫打扮,身旁放着一担干柴。他"哼"了一声,心想,真可笑,一个打柴的难道还能听懂我的琴声?想着想着,他随意拨了几下琴弦,正是《高山流水》中的"流水"篇。

打柴人大声称赞:"太妙了,我好像看见了大河滚滚东流!"俞伯牙暗自心惊,沉吟片刻,又奏出了"高山"篇,琴声变得雄壮高亢。打柴人哈哈大笑:"妙啊,这一次好像看见泰山雄伟险峻!"

琴声就是心声。打柴人两次猜中琴声,俞伯牙不禁大喜。自己一向以琴声表达心意,过去没有一个人能听得懂,而眼前这个路途偶遇、相貌平凡的樵夫,竟然听懂了他在琴声中寄予的一切。真是天意成全,没想到我俞伯牙一生孤单,却在这江口,遇到了久久寻觅不到的知音。俞伯牙仰天长叹,泪光莹莹。他站在船头上,向打柴人深深作揖,说道:"不知兄台高姓大名?"

打柴人慌忙回礼:"我叫钟子期。"

俞伯牙和钟子期就这样相逢了。他们都有着深厚的音乐修养,一个擅长弹琴,一个擅长听琴。两个人越谈越

投机,都有一种相见恨晚的感觉。第二天清晨,太阳升起来了,船就要起锚了。俞伯牙依依不舍地说:"子期兄,明年中秋,我们再到这里弹琴相会吧。"

第二年中秋,俞伯牙早早算着日子,来到了汉阳江口。可是他等啊等啊,整整等了一天一夜,也没有见到钟子期。第二天一大早,俞伯牙向一位老人打听钟子期的下落。老人想了半天,说:"您问钟子期?他前段日子染病去世了。"俞伯牙怔住了。他怎么也想不明白,去年还在江边一起谈笑风生的好朋友,怎么一年以后就这样阴阳相隔?老人接着说:"听说钟子期临终前留下遗言,说要把坟墓修在江边,到八月十五那天时,好听他的好朋友俞伯牙弹琴。"

那一天,在汉阳江边一座孤坟前,响起了悲怆的琴声。听过的人都说,他们这辈子从来没有听过那样的琴声。它是那么震撼人心,绝不可能来自人间,只有天上的神灵才能奏出这样的绝世琴曲。

人们所赞誉的这弹琴的仙人,就是俞伯牙。这是他在世间最后一次弹起《高山流水》。

一曲弹罢,"铮铮"两声鸣响,俞伯牙挑断琴弦,把心爱的琴扔在青石上摔了个粉碎,转身而去。后来,俞伯牙再也没有弹过一首琴曲。人们为他的盖世琴艺不能流传感到惋惜,他却只是淡淡地说:"《高山流水》是弹给知音听

的。我唯一的知音已经不在人世了,这琴,让我还弹给谁听呢?"

幸运的是,俞伯牙虽然不复弹琴,《高山流水》的琴谱却早早被他的弟子抄录下来,一代代流传于世。千百年来,这首乐曲成为中国古典音乐中最著名的乐曲之一,只要人们听到此曲,就会想起俞伯牙和钟子期的故事,就会感念人世间知音的珍贵。

(二)千古绝唱《广陵散》

嵇康是魏晋时期著名的文学家、思想家、音乐家,与阮籍、山涛、向秀、刘伶、王戎和阮咸并称"竹林七贤"。他们不拘礼法、放荡不羁,常聚在竹林中饮酒高歌。他们基本继承了建安文学的精神,常用比兴、象征等手法,含蓄地表达对统治集团的讽刺与批判。竹林七贤因此为魏晋朝廷所不容,最后各散东西。在音乐方面,当时同为七贤的阮籍与嵇康齐名,有"嵇琴阮啸"的说法。

嵇康藐视儒家经典、厌恶贪腐的官场,招致统治阶级的痛恨。大臣钟会一直敬重嵇康,想见嵇康一面,就去拜访他。嵇康却对钟会不予理睬,继续在家门口的大树下锻铁,一副旁若无人的样子。钟会觉得无趣,便要离开。嵇康在这个时候终于说话了。他问钟会:"何所闻而来,何所见而去?"钟会回答:"闻所闻而来,见所见而去。"钟会对此

一直耿耿于怀。公元262年,嵇康因对朋友吕安一案十分愤慨,写下了《与吕长悌绝交书》,被朝中小人污蔑,牵扯进吕安一案,司马昭下令将其处死。在刑场,三千太学生请愿仍未能改变统治者的决定。嵇康到死前仍泰然自若,他让妻子拿来自己最爱的琴,面对成千上万的百姓弹奏了最后一曲《广陵散》。弹完后,嵇康叹息道:"昔袁孝尼尝从吾学《广陵散》,吾每靳固之。《广陵散》于今绝矣!"嵇康死时年仅三十九岁。

《广陵散》,也叫《广陵止息》,是我国古代十大名曲之一,它与聂政刺韩王的故事有关系。聂政是战国四大刺客之一。他的父亲为韩哀侯铸剑,因为没有按期完成,便被杀死了。聂政长大后,决心报杀父之仇,最终经过千辛万苦,刺杀了韩王,而他也自杀而亡。自古以来,琴曲家认为《广陵散》和《聂政刺韩王》是同一曲。《广陵散》旋律激昂,表现了对聂政不畏强权、反抗残暴统治精神的赞美,具有很高的历史价值和艺术价值。扬州古代叫作"广陵",《广陵散》这一名称体现了乐曲在古代广陵区域的广泛流传。《广陵散》形成于魏晋时期,后一度失传。明代人偶然在宫廷里发现了它,将其重新整理,成为今天的《广陵散》。嵇康精通音乐,非常喜爱并擅长弹奏《广陵散》,尤其欣赏聂政对于统治集团的反抗精神。据说在当时,除了嵇康,无

人能弹奏这曲《广陵散》,因此嵇康的弹奏成为世间绝唱。

嵇康信奉老庄思想,所以淡泊宁静、远离世俗。他寄情山水、隐居山林,在自由散逸中陶冶情操。嵇康蔑视权贵、仗义执言的优秀品质一直为后世的中华儿女所称许。

(三)无名焦木成名琴

焦尾琴,又叫"烧槽琵琶",与齐桓公的"号钟"、楚庄公的"绕梁"、司马相如的"绿绮"并称中国古代四大名琴。它是我国东汉时期有名的音乐家蔡邕所制。焦尾琴制法独特,音色动人,蜚声海外,名扬古今。关于它的来历,至今仍流传着一段美妙动人的故事。

蔡邕是东汉灵帝时人,他学识广博,多才多艺,性格耿直,琴棋书画无一不晓。为了求学,蔡邕告别家人,到了繁华的都城洛阳。由于天资聪慧,加上勤奋好学,不久,蔡邕学有所成,并很快得到了朝廷的提拔重用,汉献帝时官至左中郎将。为官以后,蔡邕志向远大,决心大展宏图,向朝廷提了很多利国利民的建议。由于他多次上书揭露官员腐败和时政弊端,并顶撞灵帝,得罪了皇帝,再加上权臣不断向皇帝进谗言,最终他被罢去官职、赶出朝廷。不久,朝廷又准备将他逮捕下狱,蔡邕随时都有被杀害的危险。得知消息后,蔡邕就打点行李,趁夜色从水路乘船逃出了都城。

　　月光下,蔡邕站在船头,远远眺望着连绵起伏的群山,聆听着潺潺的流水,想起自己为国为民勇于直谏却屡遭排挤的往事,感慨万千。于是他抚琴弹唱起来,抒发自己壮志不能实现的悲愤和对未来的迷惘。蔡邕登岸后,行至吴地,但觉晴空万里,烈日炎炎。蔡邕走了好久都不见人家,又饥又渴,就坐在一石壁下阴凉处休息。没过多久,蔡邕就靠着石壁睡着了。隐约听到清脆的滴水声,他猛然站起,循声找去。只见石壁上有一道宽宽的石缝,岩下有一汪清水,顶上有水滴下来,响亮而有节奏。他听得出了神,捧起甘甜的清水喝了几口,顿时觉得神清气爽,精神抖擞。猛然回头,发现一位鹤发童颜的老者站在他面前。只见老者腰佩弓箭,手持猎叉,已猎得一些山鸡和野兔。蔡邕连忙施礼,并得知老者姓林,是这里的一个猎户。林老者与蔡邕一见如故,热情邀请他去家中做客。

　　翻过一座云雾缭绕的高山,穿过一片茂密的树林,蔡邕跟随林老者到了家中,见过林老者的老伴和眉清目秀的孙女绿玉。绿玉见有客人来,忙转身烧火煮饭。山里煮饭的灶和平原的不同,灶火门很大,一些原木不经斧劈开就能放进灶门燃烧。看见他们一家三口忙活着做饭,自己无事可做,蔡邕就走到门口,欣赏远山如画美景,耳畔仿佛还回荡着那清脆的滴水声。突然,灶堂里传来了清脆的爆裂

声,这声音触动了蔡邕敏感的神经。蔡邕连忙冲进屋里,急得高喊起来:"别烧了,快灭火!"他急急忙忙把灶堂里燃烧着的木头拖出来,浇水灭火。林老者一家三口被他这突如其来的惊叫和那不容制止的动作惊呆了,不知所措地望着他。这时,蔡邕才觉察到自己的失态,忙向林老者一家施礼道:"这可是一块难得一见的做琴的好材料啊!"蔡邕不小心将手烫伤了,他也不觉得疼,惊喜地在这段木头上又吹又摸。好在抢救及时,这段木头还很完整。蔡邕先是拖着那段烧焦了的木头,在院中盯着入神,随后就用刀斧劈砍起来。

绿玉站在一旁,好奇地守着他,问这段木头有什么用处。蔡邕反问绿玉懂不懂音乐,绿玉摇头说不懂。经过精雕细琢,蔡邕终于将这段木头做成了一把琴。美中不足的是,琴尾有烧焦的痕迹。蔡邕灵机一动,将它取名为"焦尾琴"。这琴弹起来,音色美,音质好,胜过天下的名琴。蔡邕抚琴边弹边唱,林家三人都听得入了神。林老者看了又看,叹息说:"琴是好琴,可惜我到现在也不知道这段木头是什么树木。蔡先生,你懂?"蔡邕摇摇头说:"我也不知道其为何种树,只辨得其音质。正如对人一样,不问其出身官阶如何,只看他是不是人才。"林老者频频点头,深以为然。看到蔡邕多才多艺、一表人才,林老者十分喜欢,打算

将孙女绿玉许配给他。蔡邕沉思片刻,说:"谢谢老伯好意。我是朝廷追捕的罪臣,绿玉还年轻,不可连累姑娘。"林老者却说:"天高皇帝远,我这山野村夫不知道什么逃犯。"可蔡邕始终不同意。蔡邕在这深山里避祸半年多,和林老者一家相处融洽,而且手把手将绿玉调教成了音乐奇才。遗憾的是他终未能与绿玉成就一段姻缘。

中国古典十大名曲　历史上公认的中国古典十大名曲分别是《高山流水》《梅花三弄》《春江花月夜》《汉宫秋月》《阳春白雪》《渔樵问答》《胡笳十八拍》《广陵散》《平沙落雁》和《十面埋伏》。十大名曲是中国音乐史上的巅峰之作,更是流传至今、让西方世界赞叹不已的名曲。中国古典十大名曲大多有一段曲折美妙的传说,它们为古曲增添了无尽的韵味和魅力。

❉ ❉ ❉

真正的友谊,是一株成长缓慢的植物。

——[美]乔治·华盛顿

奇哉天下第一桥

1991年,一个晴朗无云的早晨,河北石家庄市赵县突然来了一群高鼻子蓝眼睛的老外。他们没有在县城停留,而是直奔城郊。后来有人说,那些人在城郊大石桥上丁零当啷弄了好一阵子,又在桥上待了老半天,这才离开了。

大石桥?这可是老祖宗留下的宝贝,他们去那儿干什么呢?县城的人们觉得奇怪,有一群人就向大石桥赶去。哦,大石桥还像往常一样,静静地伏在河面上。建了千余年的桥了,还是那么结实、好看。

桥北端却多了一座精致的石碑。早上的阳光洒在石碑上,石碑上的铜牌金字闪闪发亮:国际历史土木工程古迹。

原来,这群老外是美国土木工程师学会的高级工程师们。这个国际土木工程界最权威的学术机构的专家们,为赵州桥的精湛工艺所震撼,选定赵州桥为世界第十二处国际土木工程历史古迹,并特别竖立纪念碑纪念。

村民口中的大石桥,就是赵州桥。"水从碧玉环中去,人在苍龙背上行。"这副对联所描写的,就是世界上保存最完好、最古老的一座单孔大石桥——河北赵州桥。

赵州桥坐落于今天的河北省石家庄市赵县附近,建于隋朝,已有一千四百多年的历史。远望赵州桥,它横跨洨水南北两岸,造型美观大方,古人赞叹这座桥看起来就像"初月出云,长虹饮涧"。近看赵州桥,这座腹部中空、呈圆弧形的石拱桥全部由石料建成,据说一共用去石料一千多块,每块石料重达一吨。附近的居民都亲切地叫它"大石桥"。今天,全部由石料建成的拱桥并不罕见,但若论赵州桥修建的时代,那可是奇迹。赵州桥修建后大约七百年,欧洲才建成第一座类似的石板拱桥。

我们祖先的智慧,不仅体现在修筑万里长城这样恢宏大气的建筑上,同样淋漓尽致地展现在建造赵州桥这样精致完美的桥梁上。别看赵州桥只是一座桥梁,好像和其他桥梁比起来没什么特别的,其实它的每一个细节都有着祖先们匠心独运的设计和创造。

在古代,每逢汛期,洨河的水流量就会突然变得很

大。为了方便人们出行,在洨河上修筑的桥梁,必须具有强大的泄洪能力,以降低骤然增大的水流量对桥体产生的破坏性影响。为了做到这一点,工匠们苦思冥想,创造了许多新工艺,其中最让人赞叹的,就是他们把以往桥梁建筑中采用的实肩拱改为敞肩拱。所谓"敞肩拱",就是今天赵州桥上大拱两端的小拱。这样的设计,让四个小拱都分担了大拱的排水负担,河流突然涨水时,只见滔滔洪水从大小不一的桥拱里奔涌而过,大桥却安然无恙。而走在桥上的人们呢,连鞋子都是干干净净的。

在隋代以前,人们如果要修筑长桥,就会在长长的桥梁上修建许多桥孔。这样做主要是为了省时省力。桥孔多了,它们之间的距离也就近了,桥的坡度很平缓,修建起来非常方便。但是多孔长桥的缺点也很明显,比如随着桥孔的增多,桥墩也就增多了,经过的船只稍微一多,就会被桥墩拦在桥下,一时半会儿过不去,都挤在河面上打转。桥墩呢,长期遭受水流的冲击和侵蚀,日子长了,也特别容易塌毁。所以在古代,桥梁的寿命大多不长,一般几十年后就变成废桥了。

建造赵州桥的工匠们为了延长桥梁的寿命,采取了单孔长跨的形式。今天我们在赵州桥的腹部可以看到一个长长的桥孔,桥孔和桥面保持着相对应的弧度。这样一

来，桥梁连桥墩也不需要了，桥孔成了隐形的桥墩，桥通过桥孔的弧度自动分担了桥梁的重量。现代工程师们经过测量，发现赵州桥的石拱跨径长达三十七米。人们对这个数字惊叹不已，认为这的确是中国桥梁史上空前的创举。

赵州桥是隋朝工匠李春负责建造的。但因为它结实精巧，在建筑技艺上出类拔萃，附近的居民都说这赵州桥是鲁班大师的杰作。鲁班是谁？他是生活在春秋战国时期的一位杰出的工匠。传说钻、刨子、铲子、曲尺以及画线用的墨斗，这些工匠师傅们常用的工具，都是他发明的。他造的木头鸟儿能在天上飞，他做过攻城用的云梯。为了方便人们的日常生活，他还做过石磨、碾子和锁。鲁班是中国古代杰出的发明家。今天，我国的土木工匠们都尊他为祖师爷。

赵州桥和鲁班又有什么关系呢？这就要说到有关赵州桥的一段有趣的传说。

河北赵县附近的这条洨河，发源于河北西部的井陉山。在古代，洨河的水流量很大，每逢夏秋两季，倾盆大雨一下就是几十天。雨水汇合山泉和沿途几条河的河水，流到了洨河河段，成为汹涌的洪流。鲁班第一次来赵县时，正赶上大雨天洨河泛滥的日子。人们愁眉苦脸，想到洨河对岸赶集的人只好回家，有急事要过河的人只好走几十里

山路。

"你们这儿一直没人修桥吗?"鲁班看到这种情况,就问身边站着的村民。"怎么没有?可是修一座塌一座。您看,这么大的洪水,多结实的桥也立不住啊!"村民双手一摊,愁眉苦脸地说。鲁班点点头,自言自语:"那我就在这儿修一座桥吧。"

过了一夜,来来往往的行人突然发现,洨河上多了一座长虹般崭新漂亮的大石桥。人们简直不敢相信自己的眼睛:谁有这么大的能耐,在一夜之间修了这样一座大桥?有人突然想起了什么,大声喊道:"是鲁班!这是鲁班大师给咱们修的桥啊!"

鲁班一夜之间造好赵州大石桥的消息,很快传遍了四方。远近居民都怀着惊喜的心情,争先恐后前来参观。这个奇迹甚至惊动了八仙之一张果老。张果老存心要跟鲁班开个玩笑,就在驴背的褡裢里一边装上了"太阳",一边又装上了"月亮",打算从桥上走过。这还不算,张果老又约上柴荣,让他推上那辆载有五岳三山的独轮车,跟他一起来到赵州桥。

这时,鲁班正扮作普通村民,在桥头观察赵州桥的情况。这两位神仙笑眯眯地走到他面前,问道:"怎么样,我们俩能不能同时从你这桥上过?"鲁班看他们两个一个骑

着驴,一个推着车,表情都轻轻松松的,就大手一挥:"请吧。这可是我修的大石桥,还经不起你们二位走吗?"

没想到,张果老和柴荣刚走上桥,赵州桥就开始微微地晃动,鲁班这才知道自己小看了这两个人。他赶紧跳下河,用手使劲托住桥身东侧,才使得这两位仙人顺利从桥上走过。可是日月和三山五岳实在是太重了,在桥上留下了几处深深的印痕:桥上的小圆坑,是张果老的驴蹄印和斗笠颠落压成的;那一道车辙印,是柴荣推车用力过猛轧出的车道沟;在赵州桥东面,鲁班托桥的手印清晰可见。

赵州桥是世界建筑史上的杰作,是我国古代工匠为了老百姓的幸福生活,运用自己的智慧创造出来的作品。从隋朝直到今天,它历经一千四百多年风雨而不倒,仍然为人们的生活提供便利。这样的桥梁又怎能不让人们竖起大拇指,赞一声:"好一座天下第一桥!"

知识链接

鲁班 鲁班姓公输,名般。又称公输子、公输盘、班输、鲁般。鲁国(今山东曲阜)人,大约生于周敬王十三年(公元前507年),卒于周贞定王二十五年(公元前444

年),生活在春秋末期到战国初期。鲁班出身于世代工匠家庭,从小就跟随家里人参加土木工程建设,逐渐掌握了生产劳动的技能,积累了丰富的实践经验。鲁班是我国古代出色的发明家。两千多年来,他的名字和有关他的故事,一直在广大人民群众中流传。我国的土木工匠们都尊他为祖师爷。

※ ※ ※

来来往往一首诗,鲁班门前弄大斧。

——(明)梅之涣

状元榜眼和探花

1905年9月2日,清政府正式废除科举制度。

科举制从隋代开始实行,到清末废除那天为止,一共存在了1298年。科举制是我国历史上影响最深远的政治、文化制度之一,体现了中国传统文化的价值取向,极大地影响了我国古代思想文化发展的历程。从隋朝到清朝,科举制历经千余年而不衰,对中国古代的教育事业、人才培养,乃至文学艺术的发展都影响深刻,它甚至对今天的教育事业仍然有着重要的借鉴作用。中国古代的科举制度是世界上最早的考试制度,对世界文明具有十分重要的影响。科举制度所流传下来的部分优秀措施,实际上仍然被我国和世界多国所沿用,并结合各国实际而有所发展。中国的科举制度对东亚、东南亚国家的影响尤为深刻,流

传到朝鲜、越南、日本等地,其中以朝鲜的科举制度最完善、延续时间也最长。

在科举制产生之前,人们主要依靠门第高低来选拔官员。在魏文帝时,有一种选拔人才的重要制度叫作"九品中正制"。简单地说,它是由中央特派官员按照出身、才能、品德等几种标准,来考察、评定民间的人才,并将选定人员分为九品录用。九品中正制在我国历史上沿袭了很长时间,其弊端也逐渐暴露出来。魏晋时代,世族势力过于强大,地方官多与世族势力关系密切,一般都从世族子弟中选拔人才。这就使得许多出身寒微的年轻人即使有真才实学,也被世族的高门槛拦在外面,毫无进取的机会。随着历史的发展,世族势力渐渐衰落,庶族地主不断壮大,这种以门第取士的方式终于无法维持下去了。人们呼唤着更加公平、合理的选拔人才的方式,这就是科举制度产生的背景。

提到科举制,最为今天的人们所熟悉的词语就是"状元"。"状元"一词最早出现于唐代。当时士子们进京会试,都必须先到礼部投状报到。根据这一习惯,当时的人们将最终获得进士第一名的士子称为"状元",又称"状头"。唐高祖时期,总共考取进士四人,第一名是孙伏伽,他成为中国历史上的第一个状元。唐代的状元还不像后

代那样受到人们极度艳羡和推崇,他们的名字记录在史书中,但并不会刻意强调状元的头衔。在《新唐书》和《旧唐书》里,那些大名鼎鼎的状元,比如王维、柳公权等人,都被史官们称为中进士第,不会特意强调他们的状元身份。

到了宋代,科举制得到了进一步的发展,状元的地位比唐代大大提升。宋代非常重视选拔人才的科举制,皇帝钦定状元的传统就是从宋代开始的,宋太祖还曾经亲自主持殿试。由于采用这样的制度,皇帝成为殿试的主持人,进士第一名在某种意义上相当于皇帝的学生。"天子门生"地位极高,是每个士子渴求的至高荣誉,皇帝选定由谁做第一名当然十分重要。宋代是一个十分推崇知识文化的时代,"万般皆下品,唯有读书高"的说法就源于宋代。新科进士会获得各种荣耀。新进士录取之后,皇帝会亲自举行隆重的宴会,比如琼林宴,亲自向这些进士们表示祝贺。同时还要颁发诏令,命令宫中所有侍卫都来为状元清道开路。侍卫们浩浩荡荡,前呼后拥,大臣们全都在道路两旁驻足观望,连皇帝也会向这些新晋士子们行注目礼。还有什么场面能比这样的情景更壮观、更激动人心呢?

宋代实行的科举制起初每年举行一次。宋英宗时正式规定每三年举行一次科举考试,并由此成为定制,以后各个朝代都沿袭这一定制。

　　北宋殿试的前三名都称为"状元"。到了南宋时,前三名分别称为"状元"、"榜眼"和"探花"。直到今天,这些名称仍然频繁出现在人们的言谈中,可见科举制对我国影响之深远。"状元"一词源自投状报到的习俗,而第二名好比榜中的"眼睛",因此被称作"榜眼"。"探花"的称谓则源于唐代探花宴的风俗。在探花宴上,人们常常推举其中最为俊秀的少年作探花郎。

　　有的人一连中了解元、会元、状元,也就是在乡试、会试、殿试三次考试中都取得了第一名,这就叫作"连中三元",这是非常罕见的情况。如果连中了三元,在明清时期,这样的考生回乡,骑着高头大马洋洋得意地巡街时,报子、差役们都要跟在状元爷的坐骑之后,手敲铜锣大鼓,一路大声喊:"这是'中了三元的老爷'!"大街上会挤满围观群众,人们会赞不绝口:"这可真是文曲星下凡啊!"大家满脸羡慕地看着骑在高头大马上的状元,还没参加考试的青年学子都想挤站在前面,哪怕摸摸那匹神气的大白马、沾一点状元爷的福气也是高兴的。

　　唐中宗神龙年间(705—706年),有一位进士叫张莒。他在游览长安城著名的慈恩寺时,一时兴起,将自己的名字题写在大雁塔下。张莒走后,他的名字被其他文人看到,竟然引发了一股热闹的风潮,中举的文人士子们纷纷

效仿,都想把姓名题写在大雁塔下。尤其是那些新科进士,更是把雁塔题名视为莫大的荣耀。那时,皇家会宴请同年考中的士子们,在曲江举行盛大的宴饮仪式。人们一边欣赏着曼妙的歌舞,一边畅饮美酒。在曲江宴饮后,他们集体来到大雁塔下,推举其中擅长书法的人将他们的姓名、籍贯和及第的时间题写在墙壁上。雁塔题名从此成为一种传统,每个年轻人都渴望有朝一日能将自己的姓名题写在大雁塔下。

公元800年,在一个科举揭榜的日子里,有几个士子坐在一家酒楼中,有年轻人,也有白发老者,他们的脸上流露出激动、惶恐、兴奋等不同的表情。突然,一阵激越的马蹄声在酒楼下响起。有人站起身,推开窗向外望去。有人在下面高声喊道:"白居易进士中第!"

所有人的目光立刻移向座中最年轻的一个人。这个年轻人就是白居易,他被众人簇拥到大雁塔前,在一众白发及第者中显得格外突出。看着庄严雄伟的大雁塔,他无法控制自己激动的心情,朗声吟道:"慈恩塔下题名处,十七人中最少年。"

文人们留下的关于科举的诗句数不胜数。在白居易之外,还有一位诗人的诗句广为人知,那就是别号"诗囚"的孟郊。孟郊曾落第两次,直到四十六岁那年进士及第,

熬过漫长的艰辛岁月终于有了回报。他难抑激动的心情，大笔一挥，写下了一首痛快淋漓的《登科后》：

　　昔日龌龊不足夸，今朝放荡思无涯。
　　春风得意马蹄疾，一日看尽长安花。

科举取士历经千年，这种制度当然有弊端。但不可否认的是，科举制在我国历史上充分发挥了作用，选拔出了众多的优秀人才。王维、柳宗元、韩愈、范仲淹、王安石、苏东坡、文天祥、张居正、海瑞、张之洞、林则徐、梁启超……经由科举考试脱颖而出的人才如耀眼的星辰熠熠闪光，为中华民族的发展进步贡献了重要的力量。在科举制的千年发展史中，有不少杰出的年轻人怀着梦想，奔赴考场。有无数动人的故事和传说流传下来，有很多的历史遗迹至今寄托着一代又一代人们的希望和梦想。真可谓千年科举制，千年士人心。

诗囚　"诗囚"是人们对唐代著名的诗人孟郊的称谓。孟郊字东野，湖州武康（今浙江德清县）人，留存的诗篇有五百多首，以短篇的五言古诗最多，代表作是《游子吟》。

孟郊作诗的态度极为严谨。他往往费尽心思，苦思力锤，喜欢运用奇崛的意象和诗句，有的诗甚至包含苦味涩味，因此被人们称为"诗囚"。孟郊与贾岛齐名，人们经常将他们的作品并称为"郊寒岛瘦"。

❋ ❋ ❋

少年辛苦终身事，莫向光阴堕寸功。

——（唐）杜荀鹤

碧波千里大运河

举世闻名的京杭大运河,是我国仅次于长江的第二条黄金水道。春秋时期,吴、魏等国先后开挖邗沟、鸿沟等。后来,隋炀帝动用几百万劳工花了六年的时间,连通了邗沟、鸿沟等,形成了贯通南北的大运河。它北起北京(涿郡),南到杭州(余杭),经北京、天津两个直辖市及河北、山东、江苏、浙江四省,贯通海河、黄河、淮河、长江、钱塘江五大水系,终点入钱塘江。全程可分为七段:通惠河、北运河、南运河、鲁运河、中运河、里运河、江南运河。它是世界上开凿最早、流程最长的一条人工河道。

大运河与历史上的两位人物关系甚为密切。

一是春秋时期的吴王夫差。公元前486年,吴王夫差为了争霸中原,在长江、淮河间利用湖泊、沟渎开挖邗沟。

公元前484年，吴王夫差为了到黄池与晋定公会盟，又在泗水与济水间开挖了菏水。这是我国历史上利用人工河道连接江、淮、河、济"四渎"的第一次尝试。战国时代，魏国又在淮河流域西北部开挖了鸿沟，引黄河水，穿过济水，通过淮河下接邗沟，又一次把江、淮、河、济贯通。

二是隋炀帝。公元605年，隋炀帝以洛阳为中心，开挖了通济渠。著名的大运河怎么会和历史上留下臭名的暴君联系在一起？原来，隋炀帝杨广是隋文帝的第二个儿子。打下江山的隋文帝对子女要求很严格，当他发现太子杨勇生活奢侈、喜欢讲排场时，就教训他："从古到今，生活奢侈的帝王，没有一个能够坐稳江山的。你是太子，怎么能不注意节俭呢！"当时身为晋王的杨广，摸清了父亲的心思，表面上装得非常老实，孝顺隋文帝和独孤皇后，而且特别节俭、朴素，骗取了隋文帝和独孤皇后的信任。隋文帝把杨勇的太子名分废了，改立杨广为太子。后来，隋文帝发现杨广其实是个品质恶劣的人，想把杨勇召回，但为时已晚。杨广谋刺了时已六十三岁、卧病在床的隋文帝，夺取了皇位。

隋炀帝当上皇帝才四个月，就下令迁都洛阳。当时，隋炀帝征发了几十万民工挖长堑（壕沟），从山西龙门（在今陕西韩城与山西河津之间）挖起，最后到上洛（今陕西商

县),与关中连接,全长数千里,作为新建京城的屏障。营建洛阳东都的工程开始后,要使用二百万民工。造宫殿所选用的一流的木材石料,都是从长江以南、五岭以北地区运来的。当时的运输条件差,一根巨形柱子就得上千人来拉。在洛阳西面,隋炀帝造了一座名叫"西苑"的大花园,方圆两百里,专供隋炀帝玩赏。西苑南半边开凿了五个湖,湖里有龙舟凤船在荡漾,岸边栽满了桃花、柳树,湖旁筑了几条长堤,堤上每隔百步就有一处亭榭。西苑北半边造了一个"海","海"里有蓬莱、方丈、瀛洲三座"神山",山上建有精致的亭台楼阁,有一条渠把这个"海"与五湖相通。隋炀帝还造了四十多所离宫别馆,在全国各地搜求嘉木异草、奇材怪石,以供自己寻欢作乐。

为了控制全国,并使江南的物资能较方便地运到北方来,也为了方便自己轻松地到各地游玩,隋炀帝修通了五千余里的大运河。修运河分几个步骤:先从洛阳西苑到淮河南岸的山阳(今江苏淮安),开通了一条叫"通济渠"的运河,即从洛阳引谷水、洛水入黄河,再引黄河水入淮河;从山阳到江都(今江苏扬州)疏通并凿深、加宽了春秋时期吴王夫差开的邗沟,将淮河和长江连接起来。这样一来,从洛阳到江南的水路交通就十分便利了。此后,又从洛阳的黄河北岸到涿郡(今北京),开通一条叫"永济渠"的运河;

接着,从江都对面的京口到余杭(今浙江杭州),开通一条叫"江南河"的运河。这四条运河连接起来,就成了一条贯通南北的大运河,加强了都城和富饶的河北、江南的联系,对我国经济、文化的发展和国家的统一,起到了重要的推动作用。

隋炀帝在位十四年,离开京城巡游就达十一年。有了运河,他光江都就巡游了三次,为此建造了龙舟及数万艘各种各样的船只。一路上,隋炀帝和萧皇后分别乘着两艘四层高的大龙船,船上装饰得像宫殿一样金碧辉煌;紧随其后的是皇妃宫女、王公贵族、文武百官分乘的几千艘彩船;最后是供卫兵乘坐及装载后勤物品的几千艘大船。庞大的船队在运河里排开,前后竟有两百里长。八万多个民工专门为船队拉纤。船队在运河里行驶,岸边有骑兵护送;船队停下来,当地的州县官员就逼着百姓办酒席"献食"。

隋炀帝还从陆路到北方去巡游,为此修建了数千里驰道(供国君车马行驶的大道)。为了自己的安全,隋炀帝征发一百万民工修筑长城,在五十万将士的护卫下在北方边境巡行了一圈。

隋炀帝好大喜功,曾对西部和北方边境的突厥、吐谷浑等用兵;多次发动对高丽(今朝鲜)的战争,如在公元

612年对高丽的战争中,动用军队一百多万人、民工三百多万人,运送军需的舟车连接起来有千余里,战士、民工又苦又累,许多人病死在路旁,而战争却以惨败告终。

隋炀帝即位时,正是隋朝蒸蒸日上之际。隋炀帝妒贤嫉能,滥杀无辜,每年都要役使几百万民工,人民不堪重负,只有起来反抗。隋炀帝因为倒行逆施,很快就将隋王朝葬送掉,自己也在江都被禁军将领宇文化及杀死。

千百年来,京杭大运河一直是中国重要的南北水上运输通道,对于国家的统一、经济的繁荣、文化的融合以及对外开放和国际交往都发挥过非常重要的作用。从历史上的"南粮北运"、"盐运"通道到现在的"北煤南运"干线以及防洪灌溉干流,这条古老的运河至今仍发挥着巨大的作用。最近十多年来,经国家多次投入巨资整治,古老的京杭大运河重新焕发出青春。

隋炀帝 隋炀帝(569—618年)为隋文帝杨坚次子,字广,一名英。他是隋朝的第二代、也是末代皇帝。581年,杨广封晋王,604年登基,604—618年在位。他发展了

科举制,设置进士科;依仗国力强盛,开凿大运河,续修长城。但是他好大喜功,年年出巡,征发徭役,滥用民力,以致"天下死于役",引发隋末农民起义。大业十四年(618年),宇文化及等发动兵变,隋炀帝被缢身亡,终年五十岁。

✳ ✳ ✳

尽道隋亡为此河,至今千里赖通波。

——(唐)皮日休

盛唐风采耀千秋

唐朝是令中华儿女倍感骄傲和自豪的一个朝代。唐太宗、唐玄宗以其非凡的智慧、过人的胆识和卓越的才能,造就了盛世升平的繁荣景象。唐朝以其强大的国力和灿烂的文化,把中国封建社会推向了鼎盛时期。在这片历史的天空下,诞生了大批杰出的政治家、科学家、医学家、艺术家、诗人,他们犹如璀璨的群星,交相辉映,异彩纷呈,给中国、给世界留下了极为宝贵的文化遗产。唐都长安则成为世界政治、经济、文化中心,对外经济文化交流空前活跃。由于这一时期年号分别为"贞观"和"开元",故史称"贞观之治"和"开元盛世"。

公元626年,李世民发动玄武门兵变,夺取政权,继承皇位,称太宗。627年,唐太宗改年号为贞观。

唐太宗亲身经历了隋末的社会大动荡,亲眼目睹了隋朝的覆亡,这对他产生了极大的影响。他吸取隋朝灭亡的教训,认为君民关系有如舟水、君臣关系"有同鱼水"。他告诉群臣:"水可以载舟,亦可以覆舟,民众如水,人君似船。"

唐太宗善于用人。唐太宗认为:"致安之本,唯在得人。"他认为,用人要大公无私,不能按照关系远近选拔任用。不能放弃贤才而选用那些无德无能的人。他求贤若渴,重用了许多有才能的人。由于唐太宗确实以才取人,甚至破格用人,所以贞观时期,人才济济,出现了一批对国家的治理有杰出贡献的著名将相,如房玄龄、杜如晦、魏徵等。他们发挥自己的聪明才智,维护了唐朝的政治稳定,保证了各项政策措施的贯彻执行。

唐太宗虚怀若谷,重视纳谏。他注意倾听不同意见,积极采纳其中好的建议。在他的倡导和鼓励下,贞观时期谏臣盈廷,先后向太宗进谏见于史载的不下三十人。其中仅魏徵一人便"所谏前后二百余事,凡数十万言"。

唐太宗重视发挥中央政府的效能。他沿用隋朝的三省六部制。贞观时,增加了宰相的人数。这样既能避免宰相专权与皇权旁落,又能集思广益,便于皇帝控制。唐太宗还大力精简中央、地方各级行政机构和官员。

在教育方面,唐太宗大兴学校,发展科举制。为了培养官僚子弟、广开选官的途径,唐太宗设立京师和地方学校,在中央设国子监,在地方设州学、县学。唐太宗通过考试选拔官员,继承并发展了科举制度,使大批优秀人才脱颖而出。

在生产方面,唐太宗坚持轻徭薄赋,发展生产。唐太宗继位后,实行租庸调制和均田制。为了恢复和发展农业生产,唐太宗采取了开仓救济灾民、赎回被突厥士兵掠走的汉人等措施,使人口逐渐增加、农业生产逐渐恢复。

到了贞观末年,唐朝成为一个强盛的封建国家。贞观年间政治比较清明,经济初步繁荣,民族关系融洽,社会安定升平,历史上将这一时期称为"贞观之治"。

712年,唐玄宗掌握了政权,励精图治,在贞观之治的基础上继续发展,形成中国封建社会前所未有的盛世——开元盛世。

唐玄宗特别注意选贤任能。他所选任的宰相姚崇、宋璟、张嘉贞、张九龄等都德才兼备,又能直言进谏。唐玄宗要求官员从基层做起,并亲自考核新上任的县令。姚崇提出十项建议,主张禁止宦官、贵戚干预朝政。宋璟则主张放宽赋税、减轻刑罚、选拔人才。唐玄宗将他们从基层擢升为宰相。

在经济上,唐玄宗重视农耕、垦荒,大力兴修水利。因此,农业生产进一步发展,全国人口大增,户数是唐太宗时期的三倍,粮食产量逾一千万石,可谓丰衣足食,人丁兴旺。开元时期统治者采取的各项政策,进一步促进了社会经济的发展,唐朝呈现出前所未有的盛世景象,史称"开元盛世"。

从贞观之治到开元盛世,历经一百多年的励精图治,唐朝政治清明,经济繁荣,文化发达,达到封建社会前所未有的盛世。唐朝不仅在中国历史的长河中占有重要位置,而且对世界历史也产生了极为深远的影响。直到今天,优美的唐诗、华丽的唐三彩、杰出的《千金方》、奇幻的莫高窟、生动的《步辇图》等,依然闪耀着奇异的光芒,成为人类共同的瑰宝。

唐太宗李世民 李世民生于598年,卒于649年,唐高祖李渊次子,杰出的政治家,唐代第二位皇帝。武德九年(626年)六月四日,李世民发动玄武门兵变,杀死哥哥李建成和弟弟李元吉,逼父亲李渊退位后自己即位,第二年改年号为贞观。他励精图治多年,为唐朝的繁荣昌盛打

下了坚实的基础。贞观二十三年（649年）五月李世民去世，享年五十二岁，在位二十三年。

※ ※ ※

天下英雄入吾彀中矣。

——（唐）李世民

历史名都长安城

世界四大文明古都为意大利的罗马、雅典的希腊、埃及的开罗、中国的西安。

西安,古称长安,建都一千多年,先后有十三个王朝定都于此。秦中自古帝王州。这座城市已经成为历史的坐标,正像人们所说的,百年中国看上海,千年中国看北京,五千年中国看长安。

长安城在唐朝达到荣耀的顶峰。唐朝长安城凝聚了中国历史上最恢宏、最让人神往的一段历史。它是大唐王朝的都城,气象万千,壮丽辉煌。

唐朝长安城堪称古代建筑的典范之作。现在的西安市仍然保留着昔日长安城的基本布局,国内外许多地方,都以长安为模板规划城市布局。人们从空中俯瞰长安城

就会发现,当年的建筑师以街道为经纬,将长安城分成几个井井有条的方块:最北部的中央部分叫"宫城",大明宫就坐落于此。宫城南边的区域叫"皇城",是政府官员办公的地方。从东、西、南三面,外郭城包围着宫城和皇城,这是长安城的住宅区,也是商业区。为了便于管理,官府将不同的方块区域称为"坊"。别看长安城内人流如织,车马如梭,但是,在一处处坊内,却是用青色砖墙隔开的清幽天地。下马坊、醴泉坊、仁义坊、崇仁坊……每个坊都有各自的名字、各自的故事。唐朝长安城一共有十八座城门,六条宽度超过一百米的主干大街,其作为城内中轴线的朱雀大街,宽度竟然达到一百五十五米。为了保持城市清洁,各条街道两侧都挖有排水沟,沟边种植着槐树和榆树。在今天的西安市,槐树依然是最常见的树种。每到盛夏季节,街道两边的槐树葱翠浓密,为行走的人们送去一片清凉。

　　长安城之大,在世界历史上可以说前所未有。仅仅就筑城面积而言,唐朝长安城,是现在西安城墙内面积的近十倍,是明清北京城面积的一倍半,是公元 447 年所建君士坦丁堡的七倍,是公元 800 年所建巴格达的六倍,是古代罗马城的七倍。在盛唐的长安城散步,可以观赏我国北方特有的青砖瓦屋,可以远望壮丽恢宏的大明宫,可以观

赏到用彩绘玻璃装饰的教堂,可以看到清新肃穆的清真寺,还可以看到大雁塔庄严大气如一支巨笔、旁边的曲江池泛着微微清波如一方巨砚。长安城包罗万象。从人口规模来说,长安城是世界历史上第一个达到百万人口的大城市。在那时的长安街市上,人们可以看到身着漂亮衣饰、面容严肃的公卿贵族,也可以看到忙忙碌碌的普通居民、威武庄严的大唐兵士,还可以看到步履匆匆的佛道僧尼。长安城还有许多外国人。当时,世界各地与唐朝结成友好关系的国家、地区有三百多个,那些来自东南亚、南亚、非洲、欧洲的人们,欣闻唐都长安的盛名,跋山涉水来到这座伟大的都城,在这里经商、学习。九天阊阖开宫殿,万国衣冠拜冕旒。外国人来到长安,不会受到歧视。他们可以进入政府机构工作,和平常人一样做官任仕。一些杰出的异族人士,还做了大唐王朝重要的官员。波斯首领穆诺沙在开元年间两次来到长安,在宫廷里担当宿卫。天竺人迦叶济,贞元年间在唐朝做官,被封为"泾原大将试太常卿"。对这些外国朋友,长安百姓把他们当成自己的亲人一样看待,和他们结下了深厚的情谊。李白和他的日本朋友阿倍仲麻吕就是最好的例子。

唐玄宗开元五年(717年),阿倍仲麻吕随日本第九次遣唐使团来中国留学。他给自己取了一个中国名字,叫作

"晁衡"。晁衡早就心仪大唐长安,这一次终于有幸来到这里。他每天都花很多时间学习汉语,学习中国文化。没过多久,连唐玄宗都知道了有个叫晁衡的日本人,不仅能说汉语,而且能用汉语吟诗。唐玄宗十分高兴,便留晁衡在朝廷做官。这个时候,恰好李白也在朝廷为官。有一次,李白骑马去渭水河畔溜达,却听到有个人正用非常动听的音调吟诵他的《将进酒》:"君不见黄河之水天上来,奔流到海不复回。君不见高堂明镜悲白发,朝如青丝暮成雪……"那人吟诗如曲,将一首《将进酒》吟诵得慷慨激昂。李白看着眼前滔滔渭水,听着这样的吟诵,感动至极。等到吟诵声告一段落,李白便走上前去,问那位吟诗人:"敢问仁兄高姓大名?"晁衡惊讶地看着他,总觉得前来问话的人有几分熟悉:"阁下可是……李太白?""正是在下。"李白爽朗地回答。李白与晁衡就这样结为好友。他们吟诗唱和,一起饮酒,很快就成为至交。后来,晁衡思念久别的故乡,便以唐朝使者的身份,随同日本第十一次遣唐使团乘船返国。

在金陵游览时,李白遇见了一位在长安认识的友人。两人聊着天,李白就问起了晁衡的情况。友人一怔,惊讶地看着他:"难道你不知道?晁衡的船队在海上遭遇风暴,人已溺死在茫茫大海中了。"李白一听到这个不幸的消息,

悲恸欲绝,晁衡与自己交往的情景浮现在眼前。他取出笔,《哭晁卿衡》一挥而就:

日本晁卿辞帝都,征帆一片远蓬壶。
明月不归沉碧海,白云愁色满苍梧。

也许是冥冥中有天神守护,晁衡竟然奇迹般地被渔民搭救上岸。后来,恢复健康的晁衡辗转万里回到长安。在江南漫游的李白听到这个消息,忍不住抚掌大笑:"好个晁衡!这下我能烧了那悼亡诗了!"李白和晁衡的情谊一直持续到两人生命的最后一刻,成为一段佳话。

长安城名气之大,还在于它是一座辉煌灿烂的艺术之城。这座城市文风炽盛,云集了一批中国历史上最著名、最出色的艺术家、作家、书法家。长安城激发着他们的灵感,而他们以诗以画为长安城留下了无数杰出的作品,留下了无数逸闻趣事。

十六岁时,白居易从江南故乡千里迢迢来到长安,带着自己写的诗词文章,拜访当时的大名士顾况。顾况一听到白居易的名字,就捋着胡须笑道:"白居易?哈哈,长安米贵,你想在这里白白居住,可是大不容易啊。"一句话说得少年白居易低头不语。顾况一页页翻着他写的诗,前几首扫了一眼很快翻过去了,等到看到那首《赋得古原草送别》,顾况猛地睁大眼睛,反复念了几遍"离离原上草,一岁一枯荣",不禁连声赞叹道:"有才如此,居有何难?"白居易就这样得到了老前辈顾况的极力推许,很快就声名大噪。

盛唐长安城的气质,就是雄浑大气、海纳百川。长安城是我国历史上一颗闪闪发亮的明珠。在中国历史上,许多影响深远的历史事件在这里发生。这里的街坊里巷,到处留存着珍贵的文物古迹,流传着令人神往的故事传说。在长安城西城墙最北的城门安远门外,有一处标记上写着"西去安西,九千九百里"(安西是丝绸之路上的一个国家)。一句"九千九百里",展现了长安城的巨大影响力。这种面对远方与未来的豪迈气度,体现着一个强大民族的抱负与雄心。

遣唐使 遣唐使是唐代日本派赴中国的使节团。唐朝取代隋朝以后,日本沿袭遣使入隋旧制,遣使入唐。630年第一次遣使入唐,最后一次遣使入唐是在838年。正式的遣使入唐计有十二次。另有三次任命而未成行,两次送唐使臣回国,一次迎遣唐使归日本。使团成员有正副使、舵师、水手以及神医画乐类技师、各行工匠。遣唐使团在中国受到盛情接

待。遣唐使臣在长安和大唐内地一般要逗留一年左右,可以到处参观访问和买书购物,充分领略唐朝风土人情。遣唐使归国前,唐政府照例有饯别仪式,设宴畅饮,赠赐礼物,珍重惜别。唐朝政府除优待使臣外,还给日本朝廷赠送大量礼物,表现了泱泱大国的风度。最后遣唐使一行由内史监送至沿海,满载而去。遣唐使对推动日本社会的发展和促进中日友好交流作出了巨大贡献,成为中日文化交流的第一次高潮。

❋ ❋ ❋

长相思,在长安。络纬秋啼金井阑,微霜凄凄簟色寒。孤灯不明思欲绝,卷帷望月空长叹,美人如花隔云端。

——(唐)李白

文成结缔唐蕃谊

在中华民族漫漫五千年的历史长河中,有一朵闪耀着夺目光芒的浪花。它如一朵芬芳艳丽的奇葩,盛开在民族团结的大花园里。历代汉藏人民所传颂的就是唐朝文成公主入藏与吐蕃王朝首领松赞干布和亲的佳话。

文成公主是唐朝皇家宗室女,汉族,出生年月不详,去世于 680 年。她天生丽质,聪慧过人,知书达理,虔诚礼佛。

松赞干布,又称章宗弄赞,藏族吐蕃王朝的建立者。他十三岁时继任赞普(君长之意),建立了中央集权的奴隶制国家,并创立了吐蕃文字。这种文字后来发展成为藏文。

松赞干布志向高远,希望和强盛的唐朝结成友好关

系,以便在青藏高原建立稳固的政权。他在贞观八年(634年)派出第一批友好使者访问长安,受到唐朝的欢迎。唐太宗也派使者回访。从此,汉藏友好关系开始建立。

唐太宗有意考验松赞干布的诚意,第一次并没有答应松赞干布求亲的请求。可是年轻的松赞干布并没有灰心,在贞观十四年(640年)再次派出以禄东赞为首的第二批使团,带着大量金银珠宝向唐朝请求联姻。唐太宗李世民终于被松赞干布的执着与诚意打动,答应将文成公主嫁给这位藏族英雄。

大唐的皇宫里忙碌起来了。人们为远嫁西藏的公主准备精美的嫁妆而日夜忙碌。深明大义的文成公主为了藏族人民能够富庶和健康,带去了大量的农作物种子和医学、冶金、建造艺术、纺织等方面的书籍以及各种工匠、文士、乐队等。

吐蕃的王宫沸腾了。人们如同过节一样忙个不停,脸上洋溢着灿烂的笑容。松赞干布则下令修筑唐式宫殿,迎接来自远方的佳人。

贞观十五年(641年),在春暖花开的季节,庞大的送亲队伍浩浩荡荡地从长安出发了。他们翻过一座座山,趟过一条条河,历经千难万险,到达了柏海(现青海玛多县)。在这里,松赞干布早已率满朝文武和大军迎候。此时,扎

陵湖碧波荡漾,远方的雪山高耸入云。在柏海行宫里,松赞干布拜见了唐送亲使李道宗(文成公主亲父),行子婿大礼。在这风景如画的地方,文成公主和松赞干布度过了他们美好的新婚之夜。之后,松赞干布带着文成公主前往拉萨,几天后来到玉树,被这里的秀美风景吸引,俩人便决定住一段时间。白天,他们欣赏山谷里的鸟语花香;夜晚,他们遥望天空明月。闲暇时,文成公主向当地人传授种植和纺织技术,与当地百姓结下了深厚的友谊。一个月后,当文成公主离开时,当地百姓都满含热泪,依依不舍。时至今日,当地人仍精心地保护着文成公主的旧居。

在一个风和日丽的日子里,松赞干布和文成公主到达拉萨,人们举行了极为盛大的欢迎仪式。蓝天白云下,欢乐的人们身着节日盛装载歌载舞,欢迎来自大唐的高贵公主。在欢迎仪式上,松赞干布致辞:"我父祖向来没有和上国通婚的。我能娶到高贵的大唐公主,深感荣幸,当为公主筑一城以昭示后代。"深爱着公主的松赞干布没有食言,他为文成公主修建了具有唐代风格的寝宫,还改穿唐人服装。他选派优秀的王公子弟到长安太学学习,聘请唐朝文士掌管有关唐朝的文书。

文成公主也深爱着雪域高原。随她入藏的能工巧匠,把中原汉族的农具制造、纺织、建筑、造纸、制陶、碾磨、冶

金等生产技艺传授给吐蕃居民。文成公主和她的侍女们手把手地教吐蕃妇女织布和刺绣等工艺。她带来的诗书、佛经、医书、历法等在吐蕃广为传播。她携带的金质释迦牟尼佛像,至今仍摆放在大昭寺中,为藏族人民所膜拜。

不仅如此,虔诚礼佛的文成公主为了给藏民祈福消灾,决意建造大昭寺和小昭寺。她发挥聪明才智,让山羊背土填地,建成了宏伟壮观、金碧辉煌的大昭寺。更为浪漫的是,文成公主与松赞干布亲自在大昭寺外栽种柳树。柳树枝繁叶茂,婀娜多姿,成为后世著名的唐柳。唐柳不仅是文成公主和松赞干布纯美爱情的象征,更是汉藏两族人民友谊的见证。

文成公主入藏的故事流传至今已有一千多年了。一千多年来,它不仅是汉藏两族人民大团结的美丽佳话,更是一部讴歌爱情与友谊的宏大史诗,是汉藏两族人民和睦共处的历史见证。松赞干布和文成公主这对载入历史的伉俪,以其惊天地泣鬼神的壮举,赢得了后世的尊敬与爱戴。

松赞干布 松赞干布(605—650年)在汉文典籍中称"尺松赞",是藏族吐蕃王朝的创建者。唐贞观三年,他继承父位,统一吐蕃,迁都拉萨。公元650年卒,他被唐高宗封为西海郡王。文成公主(?—680年)是礼部尚书江夏王李道宗之女,原名李雪雁。公元641年,她从皇命嫁给松赞干布。她为发展吐蕃经济文化和密切汉藏友谊作出了杰出贡献,至今还受到汉藏人民的怀念和尊敬。

❋ ❋ ❋

人是文化的创造者,也是文化的宗旨。

——[苏联]高尔基

宁愿西行一步死

公元627年,大唐帝国国境最西边的一座小城经历了一场天灾。这一年,暴雨接连下了几十天,城外的庄稼几乎全部被暴雨毁坏。人们没有玉米、麦面吃,就将野菜挖得精光。在城里待不下去了,饥饿的灾民们纷纷向城外逃去。正是日暮时分,一群灾民拥挤着向西城门外走去。守城的士兵看见是灾民,便也睁一只眼闭一只眼,打算放他们一条生路。就在这时,一个士兵突然举起手中的长矛拦下了一个灾民:"站住!你是干什么的?"

这个被拦住的人穿着破破烂烂的衣裳,瘦骨嶙峋,满脸沾着草灰,看起来和其他灾民没有任何区别。士兵对他看了看,一挥手:"你走吧,我认错人了。"被拦住的那个人没说一句话,只是顺着人流很快出了城。夜色降临,站在

大唐边城外的土地上,他深深地吸了一口气。他回头看着灯火闪耀的城楼,在心里默默说道:"我的故乡,再见了。"

这个混在灾民里出边城的人,就是大唐高僧玄奘。玄奘出生在一个贫寒的家庭,在很小的时候,他就被送去寺院里修行。不知道为什么,这个小小的孩子好像天生和佛教有缘。他孜孜不倦地翻阅那些厚厚的佛教典籍,将佛教经义熟记在心,反复揣摩那些经典中的深奥含义。十三岁时,玄奘破格接受了剃度,成了整个大唐王朝年龄最小的僧人。他的师父见他年纪虽小,但却聪明灵敏,心志坚定,便带他先后到了成都、扬州、长安等地,让他拜访当地的高僧,学习更加精深的佛法经义。一年又一年,在游学的过程中,玄奘掌握了众多的经义。他在荆州讲经时,连六十多岁的大德智琰也特地赶来聆听。听完,大德智琰赞叹道:"小小年纪便能精通如此深邃的佛法,往后佛法必能光耀我大唐国土啊。"

可是,玄奘却并不就此满足。在不断的读经、讲经以及和高僧辩经的过程中,他渐渐发现,各派学说分歧太大,很难有一个定论,而这一切都是因为传到大唐的佛经是零散的,丢失太多,遗漏太多。想了几天几夜后,年轻的玄奘发愿要去佛学的发源地——天竺国去求取真经。

当时,唐朝政府严禁百姓私自出国,边关城镇的稽查

尤其严格。然而,玄奘意志坚定。他到达西边的边关小城后,扮作一个普通百姓,混在灾民中出了城。随后,玄奘很快就进入了茫茫沙漠。沙漠一眼望不到尽头,玄奘估算了方位,一个人向沙漠深处走去。可是,很快他就发现,自己低估了沙漠的威力。这无边无际的沙漠好像能吞噬人的生命,每走一步,他都感觉喉咙在冒烟,一双腿就像灌了铅一样沉重。

"宁愿西行一步死,不向东土半步生。"玄奘默念着自己的誓言。实在累得要命,他就停下来休息一会儿。他也不知道自己走了多久。只见太阳升起来了,沙漠雾气蒸腾,炽热的阳光烤得他浑身滚烫。月亮升上来了,四野无声无息。沙漠的寒夜几乎带走了他身上最后一丝热量,他冻得直打哆嗦。过了一个时辰又一个时辰,他每一分钟都备受煎熬。玄奘昏昏沉沉地走着,突然腿脚一软,从一个沙丘上摔了下去。这一摔将剩下的最后一袋水洒在沙漠里,只一会儿工夫就一滴不剩了。这可怎么办?捧着空空的水袋,玄奘欲哭无泪。他知道,此刻他还可以向后转,他留下的脚印还没有被沙子完全覆盖,他还可以循迹返回大唐。而前方呢,玄奘抬起头,只见风吹过茫茫无尽的沙海,连他自己都不知道,他所走的这条路是不是真的能够穿过沙漠,通往天竺。也罢,索性能走多久是多久吧。玄奘抬起

腿,机械地向前走去。口中默念佛号的玄奘跌跌撞撞地走着,身体虽然疲倦至极,心里却平静如水。不知道什么时候,玄奘晕倒了。他在梦中看到了一湾清泉。月光下,平静的水面微微发着光,空气中似乎飘来一丝清新的气息。玄奘睁开眼睛,似乎有一种奇异的力量引导着他向前走去。月光下真的出现了一湾清泉,和他梦中所见的情景几乎一模一样。这一湾清泉拯救了四天四夜滴水未进的玄奘。

穿越沙漠是玄奘经过的无数艰难险阻之一。穿越沙漠之后,玄奘先后经过哈密、高昌、龟兹等西域国家,越过天山,到达素叶城,出铁门,渡过缚刍河,翻越大雪山。这一路上,他曾无数次死里逃生,终于进入印度,在最负盛名的天竺国王舍城外的那烂陀寺求学五年。

在那烂陀寺,玄奘如饥似渴地攻读佛教原典。他师从戒贤法师,多次参加宗教辩论大会,每次都能获胜。很快,不光是天竺国,印度其他国家的人也都知道了这个大唐高僧的名字。印度戒日国王喜好佛法。他派人来请玄奘到他的国家讲经,玄奘欣然接受了邀请。到达戒日国后,玄奘对国王讲了三天三夜的佛法。国王叹服不已,感到玄奘的佛法修为十分精深。国王特意召集各国僧侣都来到曲女城,在这里召开辩论大会,这就是佛教史上著名的曲女城辩论大会。印度十八国国王全部列席,三千多名大小乘

高僧、两千多位婆罗门教徒参加会议,一千多位那烂陀寺寺僧到场。玄奘作为论主,登上宝座,在正式开始讲经前合掌说道:"如果我所说的有一字无理,有人能纠正我,我愿当场斩首谢罪。"这一次讲经,每天从早到晚,一共持续了十八天。玄奘眉宇肃穆,高坐在宝座之上,用纯熟的梵语滔滔不绝地阐释佛法。台下的听众都折服于玄奘精辟的论说,连一个敢和他辩论的人都没有。大会结束之后,所有的人一起起立欢呼。戒日国国王请玄奘坐上一头装饰华丽的大象,绕场一周。人们纷纷跪下,为玄奘献上数不尽的鲜花和金银饰物。

曲女城辩论大会结束之后,玄奘思念祖国的心情越来越迫切。643年春天,西游十七年的玄奘辞别了戒日国国王和天竺的朋友们,启程回到长安。

返回长安之后,玄奘马上组织各地高僧一百多人,着手翻译佛经。他这一生最大的愿望就是传播佛典,让佛光普照大唐国土。无论是当年奋不顾身的西行,还是如今勤劳刻苦的译经,回顾一生,他从未有过丝毫的懈怠,没有浪费过哪怕一丁点儿的时间。那时候,跟随玄奘译经的僧人们注意到,这位声名显赫的高僧常常是三更才睡下,五更就又醒了。从前他是用双脚跋涉,现在是用一管笔,又开始了夜以继日、无怨无悔的孤身跋涉。又是一个十九年,

玄奘与他的门徒一起,共译出佛经七十四部、总计一千三百多卷。664年,玄奘向自己的弟子仔细交代了其余经书收藏、译制、印刷的相关事情,心情无比宁静,度过了圆满的一生。664年2月,玄奘病逝于长安玉华宫内。这一生,他为了自己的宏愿奋斗不止,再回顾这漫长的岁月,他知道自己无悔无憾。

玄奘,这位大智大勇的高僧,他的故事流传至今。今天西安市大雁塔前立着一座雄伟的铜像。一位手执禅杖、作行脚僧装扮的僧人坚定地注视着前方,迈开步伐,似乎正要向他注目的地方走去,他就是玄奘。玄奘的精神鼓舞着千百年来的人们:人生贵在有追求,哪怕脚下路迢迢。

大雁塔　　大雁塔被视为古都西安的象征。唐朝永徽三年(652年),为保存玄奘法师由天竺经丝绸之路带回长安的经卷、佛像,唐朝政府修筑了大雁塔。大雁塔塔身一共七层,作为现存建造最早、规模最大的唐代四方楼阁式砖塔,大雁塔是佛塔这一印度佛寺的建筑形式随着佛教传播而东传中原地区的典型物证。早在唐中宗神龙年间(705—706年),雁塔题名就已形成风俗。及第的新科进士先要一起在

曲江（皇帝也必于曲江边的楼上垂帘观看）杏园参加国宴，然后登临大雁塔，并题名塔壁留念。当年二十七岁的白居易成为进士，写下了"慈恩塔下题名处，十七人中最少年"的诗句。

❈ ❈ ❈

宁愿西行一步死，不向东土半步生。

——（唐）玄奘

皇家宫殿紫禁城

故宫,又称"紫禁城"。它坐落在北京的十里长安街上,处于北京的中心地带,是明清两朝二十四位皇帝居住的皇宫、中华帝国六百年的政治核心,是中国乃至世界上现存的规模最大、最完整的宫殿群。故宫和法国的凡尔赛宫、英国的白金汉宫、美国的白宫、俄罗斯的克里姆林宫并称世界五大宫殿,被联合国教科文组织列为世界文化遗产。故宫,这座古老而又神秘的宫殿有着说不尽的故事。

故宫是明成祖朱棣在永乐四年开始营建的。1403年,本是地方藩王、负责镇守北京的燕王朱棣,发动了靖难之役。"靖"指的是平息的意思,"靖难"的意思是指平息战乱。经过四年的残酷战争,他终于夺取了侄子朱允炆的帝位。朱棣即位后不久,下令迁都北京,"天子守国门",开始

建造故宫。

故宫金碧辉煌、磅礴大气。传说玉皇大帝有一万间宫殿,皇帝就修建了九千九百九十九间宫殿,以表示对神的尊敬。据统计,故宫的殿宇实际有八千七百零七间。故宫是龙的世界,因为皇帝又称为"真龙天子",所以龙的雕刻装饰在故宫无处不在,约有四万条。故宫有两道坚固的防线,一道是故宫外的护城河,另一道是绵延六里、高三丈的宫墙。故宫的建筑排列在中轴线上,东西对称,秩序井然。故宫南部是皇上处理政务的地方,叫作"外朝"。外朝有三大殿,分别是太和殿、中和殿、保和殿。其中太和殿被称为东方三大殿之一,也就是平常说的"金銮殿"。它是皇宫举行重大盛典的地方,建设得高大气派,皇帝的登基典礼、大婚典礼、皇后册封、节日大宴等都在这里举行。故宫的北部是皇宫的生活区,也就是内廷。内廷有乾清宫、交泰殿、坤宁宫。内廷的东西两侧有东六宫和西六宫,供皇上的嫔妃们居住。

故宫的建筑十分注重城门和城楼。城楼是建在城台上面的。城台在城楼的下面,和城墙相连。城台要比周围的城墙略高。城台的中间部位有一个门,叫作"城楼门"。瓮城是建在城楼前面的一座城堡。瓮城的墙体和城墙相连,可以起到保护城楼的作用。建在瓮城中间的,是正对

着里面城楼的箭楼。箭楼有四面,面向城外的三面每层都有箭窗,便于防御。闸楼,建在瓮城的上面,或者左面,或者右面,也可能左右都有,装有可以吊起或放下的千斤闸。

　　故宫城墙上的四座城门和角楼也很有特色。故宫的南面是午门,也就是故宫的正门,北面是神武门,这两个门现在是故宫博物院的出入口。午门位当子午,所以叫"午门",也被称为"五凤楼"。位于故宫东面的门叫作"东华门",位于故宫西面的门叫作"西华门"。现在,这两座门一般并不开放,在五一和十一黄金周游人流量较大时才作为临时入口。四座城门是根据古代四象五行学说设计的。在二十八星宿中,古代的人用四象来划分天上的星辰,这二十八星宿按照方位分为东南西北四个区域,分别是左青龙(东)、右白虎(西)、前朱雀(南)、后玄武(北)。故宫南面的午门象征朱雀,故宫北面的神武门在明代叫作"玄武门",象征着玄武。在清朝康熙年间(1662—1722年),为了避讳皇帝爱新觉罗·玄烨名字中的"玄"字,才改名为"神武门",并一直沿用至今。同样的,东华门就象征着青龙,西华门也就象征着白虎。故宫的四角有四座角楼,有着独特的设计,成为紫禁城一道靓丽的风景线。角楼主要用于军事防御和瞭望。因为角楼的屋顶有九条屋脊,所以角楼也称为"九脊殿"。

天安门位于故宫的南侧。天安门城楼的大殿东西有九间、南北有五间，取帝王"九五之尊"的意思。天安门是明清两朝皇城的大门。1949年10月1日，中华人民共和国的开国大典在天安门广场举行，标志着一个新时代的到来。天安门广场是世界上最大的广场。天安门广场上每天日出时的国旗班升旗仪式已经成为北京的一大特色景观。

1924年，冯玉祥发动了北京政变，将溥仪驱逐出皇宫。1925年，故宫博物馆建立。故宫博物馆现在称"故宫博物院"，收藏了很多珍贵文物，供游客参观学习，数量逾一百万件，占中国文物总数的近两成。故宫博物院还收藏了许多珍贵文物，是中国文物收藏最丰富的博物馆，也是世界上非常著名的博物馆。故宫不仅有着美轮美奂的古代木结构建筑，还蕴含着博大精深的中华文化，成为北京旅游的标志性建筑，吸引了大量游客。

靖难之役　明太祖朱元璋为了巩固统治，把子孙后代封为藩王，分到各地。这些藩王虽然没有土地的管辖权，但是拥有属于自己的军队,权力也很大,北方的燕王朱棣权力最大。朱元璋死后,藩王的势力愈加膨胀。他的孙子朱允炆(建文帝)即位后,采取了一系列的削藩政策,威胁到藩王们的利益。后来,建文帝派人监视燕王朱棣,准备削弱他的势力。1399年,朱棣起兵反抗,挥师南下,一路取胜,军心大振。建文帝提出割地来保留帝位的建议,被朱棣拒绝。朱棣进京后,得到了人民的拥戴,成为明成祖,年号永乐。建文帝由此下落不明,成为明朝一大悬案。这个事件史称"靖难之役"。靖难之役是明代皇室间的内部斗争,也是明代规模最大的内战。1421年,朱棣迁都北京,称北京为"京师",称南京为"留都"。

思考使我们阅读的东西成为我们自己的。

——[英]洛克

七下南洋写传奇

1405年7月,晴空万里,海上风平浪静。突然一声号令,福建五虎门停泊的两百四十多艘巨大的海船,排列整齐,缓缓向大海深处驶去。没有人知道,这支巨大的船队能够到达什么地方,会在大海深处遇见什么,未来的命运又将会如何。这是一次完完全全的未知之旅,它的领导者站在船队最前端的旗舰甲板上,将目光投向无边无际的大海。

他就是郑和。"伟大"这个词语,只有很少人的名字配与它连在一起,但说郑和伟大,他当之无愧。他不是皇室宗亲,没有任何显赫的家世。他领导着明朝最雄伟壮观的船队,完全靠自己的智慧和努力,成就了一段属于中国人的海上传奇。在郑和之前,王侯将相数不胜数;在郑和之

后,还会有很多这样的人出现。但郑和只有一个。梁启超说,郑和之后,再无郑和。

郑和所处的时代,是明朝永乐年间(1403—1424年),这是一个堪称强盛伟大的时代。在这样的时代里,人们把目光投向了远方:在华夏大地四周到底还有些什么?眼望着宽阔漫长的海岸线,在蔚蓝色的大海尽头,又是一个什么样的世界呢?

人们最先看到的,就是西洋。当时人们所说的"西洋",就是现在的南洋。明成祖朱棣下定决心,打造一支足够强大威武的船队,到大海的尽头去,到西洋世界去,以鼓荡华夏民族的劲风,宣扬大明的国威。他挑中的船队领导者,就是郑和。

为什么挑中郑和?明成祖有着自己的考虑。郑和出身平民,曾经有过不平凡的经历。他精通航海知识,久经战争考验,性格沉稳,意志坚强。另外,西洋各国中有很多国家都信仰伊斯兰教,很巧的是,郑和就是一个虔诚的穆斯林。

1405年,郑和率领船队开始第一次远航。船队一直向南航行,很快就顺利抵达了爪哇。爪哇是马六甲海峡上的一个重要据点,想通过马六甲海峡去非洲,爪哇就是必经之地。郑和知道爪哇是一个物产丰富的地方,他让船队

在这里停留片刻,让船员们下船稍作休息,同时补充食物和淡水。

郑和在宝船甲板上踱着步子,望着大海沉思。突然,他听到从岸边传来一阵喧闹声。只看见两群人厮打在一起,从衣着上可以看出来是当地的土著和他的船员。他匆匆向船下走去,迎面却碰上了一个浑身是血的人。那个人看到郑和,就跪倒在他面前哭道:"大人,那爪哇国人杀了我们一百多人啊!"郑和大吃一惊,连忙扶起那个船员。郑和一面叫人给他包扎伤口,一面问:"到底发生了什么事?你快详细说来。"受伤的船员喘了口气,断断续续地诉说着。原来,此前统治爪哇国的有两个国王,一个叫东王,一个叫西王。两个人看谁都不服气,经常为了一点小事开战。前段时间,西王战胜了东王,还派兵攻占了东王的领地。为了防止东王卷土重来,西王手下的人到处烧杀劫掠,凡是看到不认识的人,就统统杀掉。郑和的船员在爪哇国市集上购买给养时,不凑巧碰见了一群杀红了眼的西王士兵。西王士兵看见这些船员脸面生疏,身上又带着金银财物,就手执钢刀,朝船员扑了过来。郑和的船员猝不及防,只好一边抵挡一边逃向船队,一路上,被不分青红皂白的西王士兵杀死了一百七十多人。

"太过分了!"郑和身边的随从听到这个消息,一个个

脸涨得通红,既愤怒又激动。武功最高强的随从站了出来,高声对郑和说:"大人,请派小的领一些兄弟,去教训教训那个什么西王!一个巴掌大点的地方,也敢杀我大明的人,我看他们是活够了!"听了他的话,旁边的人都大声附和道:"是啊大人,派我们去吧!我们就地把那个西王解决了,送他到西天做名副其实的西王去!"

郑和冷静地看着他的下属们。他知道,这些人之所以还没有动手攻打爪哇,是因为还没有接到他的命令。他理解下属此刻的心情,受害的船员很多他都见过。他和他们一起冒险出海,一路同吃同睡,出生入死,就像亲兄弟一样。现在,这些好兄弟无辜死在这里,甚至都不知道自己是为什么送了命。他把他们带出故乡,却不能把他们好好地带回去。郑和的痛苦,又怎么会比其他人轻呢?此时此刻,郑和心里比谁都清楚,他完全有理由派部下去攻打这位所谓的西王。他的船队装备了最先进的火炮和火枪,对方只是一些舞刀弄棒的当地土著,只要他一声令下,自己的船员将会赢得轻而易举。

"大人,下命令吧!"有个随从跪下喊道。片刻之间,郑和眼前哗啦啦跪下了一大群人,群情激愤,齐声说道:"大人,下命令吧!"郑和没有下达命令。他镇定地看着他的下属们,表情肃穆:"各位弟兄,我郑和今天下了这道命令,确

实能立刻取得胜利,给死难的弟兄报仇雪恨!但是,我不能这样做,因为我们有更重要的使命要完成。这样做,我们就违背了当初下西洋的本意啊!"

下属们难以理解地看着郑和。郑和稍微停顿了一下,坚定而缓慢地继续说:"当初下西洋,我们是为了向这些远方的国家展示我们大明王朝的恢宏气度。我们担负的是和平结交的使命,而不是以杀戮来征服西洋各国。今天,要是我们向爪哇国报仇,图自己一时痛快,杀了那个所谓的西王,这消息传到了西洋各地,我们去其他国家,那些国家的人又会怎么看我们?"

下属们沉默了。郑和这一番话有理有据,强烈地震撼着人们的心灵。激动不已的人们渐渐平静下来,攥起的拳头松开了,拿起的刀枪收回了。人们注视着郑和,心悦诚服地说道:"大人,您怎么说,我们就怎么做!"

郑和稳定了众人的情绪后,便迅速派出使者与西王交涉。西王知道自己的士兵误杀大明的人,吓得魂不附体。他赶紧向郑和的使者道歉,又连夜赶到郑和乘坐的船只上,向这位中国船队的领导者请罪。

为了表示自己的诚意,西王主动表示,他会赔偿六万两黄金赎罪。郑和第一次下西洋就出师不利,而且无故损失了一百七十多名将士,照常理必然会引发一场大规模的

战斗。然而,郑和是一个深明大义的领导者。他始终牢记一点,那就是:他带着这支庞大的船队,远离祖国,驶入茫茫大海,和遥远地方的国家、人民交往,肩负的是和平的使命。郑和知道这是一场误杀,又看到西王的态度十分诚恳,主动请罪受罚,于是将事情的全部经过禀报明王朝,提议化干戈为玉帛,和平处理这一事件。看到郑和的奏章,大明朝廷认为郑和的处理十分妥当,决定放弃对西王的赔偿要求。西王知道这件事后,感动极了,四处宣扬郑和的宽容大度,郑和以及大明船队的美名传扬开了。人们知道,郑和船队所到之处,就一定会带来和平与幸福。

由郑和领导的七次出航,长五十余年,是我国乃至世界历史上影响深远的壮举。伟大的航海家郑和,历经坎坷,九死一生,促进了明朝和东南亚国家、非洲国家的和平交流,并向这些国家展示了一个强大、开明国家的真实面貌。

古里,是郑和最后到达的地方。郑和第一次到达这里时,年轻的他率领着一支年轻的船队,看着那浩渺无边、深邃蔚蓝的大海,意气风发,立下了一块石碑:刻石于兹,永昭万世。

宝船 宝船是郑和船队中最大的海船,是明朝中国造船工匠结合历代的造船技术制造的中国航海史上乃至世界航海史上最为巨大的木质帆船。它在古代船队中的地位,相当于今日大型舰队中的旗舰,是整个船队的主体船舶。明人祝允明在《前闻记》"下西洋"条中所说的"如清和、惠康、长宁、安济、清远之类"的船名,很可能就是郑和船队中的巨型宝船。它主要建造于南京宝船厂。

❊ ❊ ❊

前有司马迁,后有郑和,皆国史之光也。

——(清)梁启超

收复台湾郑成功

连续好几天,澎湖一带海面上始终暴风肆虐,巨浪滔天。"国姓爷,咱们要顺利进入鹿耳门,就必须赶上初一的大潮。可是您看这种天气,怕是船只一出海,就要被打得粉碎啊……"那人愁眉苦脸地说着。他面前的将领却始终注视着窗外,对他看也没有看一眼。

"国姓爷,其他几位将军都是这个意思,咱们索性再歇上几天吧。您一定要冒着这种风险去台湾,那就是去送死啊!"

被称作"国姓爷"的将领回过头,一双炯炯有神的眼睛盯着下属:"今天大风,明天大风,后天大风,这海上狂风始终不停,携带的粮草都用尽了,我们怎么办?"

"这……"下属张口结舌,一时不知道该说些什么好。

"不渡海,难道要我所有弟兄都困守在这个小岛上等死?"将领果断地一挥手,"传令下去,明日清早,船队准备渡海!"

这位强令渡海的将领,就是郑成功。

南明永历十五年(1661年),郑成功率领着百名将领、水兵陆兵两万多人,乘大小战船百余艘,冒着狂风暴雨,向台湾进发,要去收复被荷兰人占领的台湾。他们同风浪整整搏斗了一天。第二天拂晓,船队终于靠近了台湾西侧的重要港口鹿耳门。郑成功命令船队结成水寨,所有官兵停下来暂时休息,立刻派侦察兵前往鹿耳门侦查荷兰人的动向。

化装成普通渔民的侦察人员驾着小船,迅速混进出海回归的渔船当中。他们来到台湾岛上,趁着夜色察看禾寮港的地形和防守情况。不看不要紧,这一看,侦察人员不禁暗自焦急。只见身穿军服、手执火枪的荷兰人到处走来走去,港口上三步一个岗哨、五步一座碉堡,防守极其严密,简直是针插不入、水泼不进。荷兰人还在海边停泊着几艘战舰进行协防。

记下荷兰人的防守位置,侦察人员悄悄返回去向郑成功报告了他们看到的一切。郑成功亲自绘制了一幅战略地形图。看着图上密布的岗哨,他皱紧了眉头,心想:自己

领兵打仗十多年来,有过轰轰烈烈的胜利,也有过失败,和各种奸诈狡猾的敌人都打过交道,无论多大的难关,最后都能闯过来。可是这一次,眼看对手如此谨慎,若正面进攻的话,自己几乎一点儿胜算也没有。

必须打掉荷兰殖民者的威风,必须收回被掠夺的土地!郑成功不禁攥起拳头。这一次,攻占台湾和以前各次战斗都不同,只能成功,不能失败,必须慎之又慎,不能有半点闪失。想到这里,他再次派出侦察人员,要求他们务必探出一条利于进攻的路线来。

侦察人员又化装成普通渔民。这一次他们找到了那些在这里生活了很久的居民,询问有没有其他登岛的路径。有个老伯听到他们的问话,好心地提醒他们:"你们打听这些干什么?被红毛佬听到了,一个都别想活!"

"老伯,我们就是来对付这些红毛佬的,"一名侦察人员低声说道,"您能告诉我们,这附近有什么小路可以走吗?"

老伯的眼睛一下子瞪大了,眼里泛起了泪花:"我可等到这一天了!那些红毛佬,把我们中国人可不当人看啊!"他擦着泪水,向这些士兵说道,"我虽然年老了,还能帮你们一点忙。这儿其实还有一条水道,里面到处都是暗礁,风大浪急,大船没法过去。荷兰红毛佬看那条路没用,就

没放几个人在那边守着。"

侦察人员把这个好消息带给了郑成功。郑成功听后十分高兴,决定就从这条水道上偷袭荷兰人。当天夜里,他选出千名勇士,传令大船不动,停在海边以吸引敌人的注意力。他将小船全部集合起来,亲自带队,沿水道出发突击登陆。

他们成功了,郑成功和他的战士们顺利地来到岸上。荷兰人万万没想到,有人会从这里冲上来。荷兰兵大叫一声,撒腿就跑,想去报信。郑成功手下的勇士立刻追上去,手起刀落,将准备报信的荷兰兵杀死了。郑成功一面组织勇士在背后突袭荷兰兵,一面潜回船队下令快速登陆。

这时,荷兰侵略者已经得知郑成功登陆的消息。他们派出了自己最大的一艘战舰赫克托号,想要一举消灭郑成功的船队。在海面上,郑成功的船队与由赫克托号领头的荷兰人船队相遇了。郑成功沉着镇定,迅速下令:"六十艘战船全部听令,速将赫克托号围在中间!"

"是!"郑家军的战船小而轻便,行动灵活,不过片刻工夫,就把赫克托号团团围住。"发炮!"郑成功一声令下,六十多艘战船一起发炮。霎时间,炮声轰鸣,大海上掀起了一波又一波巨浪,赫克托号很快被打中,起了火。大火熊熊燃烧,把整片海面照得通红。赫克托号渐渐沉没下去。

另外几艘荷兰战舰一看形势不妙,吓得掉头就逃走了。

这一仗,荷兰侵略军遭到了前所未有的惨败。台湾人民知道了郑家军打胜仗的消息,一个个都高兴得欢呼起来。他们成群结队,推着小车,捧着香喷喷的食物,提水端茶,到郑成功的军营里慰问亲人。荷兰人呢,他们被郑成功打得吓破了胆,龟缩在赤嵌城里不敢应战。他们一面偷偷派人到巴达维亚去搬救兵,一面派使者到郑军大营求和,假惺惺地承诺说,只要郑家军肯退出台湾,他们宁愿献上十万两白银。

郑成功冷笑了一下,扬起眉毛,威严地说:"台湾自古以来就是中国的领土。我们收回这块土地,是理所当然的事。你们少玩什么花样,要是胆敢赖着不走,我就带着我的士兵,把你们统统赶到海里去!"

郑成功这一通怒喝,吓得荷兰使者胆战心惊。他回到了自己的营地,愁眉苦脸地叹息道:"那大将郑成功十分威严,金银珠宝都不要,一心只要台湾岛啊!"等到荷兰使者走后,郑成功立刻派兵猛攻荷兰人龟缩的小城赤嵌。赤嵌的敌军负隅顽抗,郑家军竟然一时攻不下来。有个当地人找到郑成功,出主意说:"郑将军,赤嵌城的水都是从城外高地流下来的,只要切断水源,敌人自然不战自乱。"郑成功照这个办法做了。果然,不出三天,赤嵌的荷兰人就乖

乖出城投降。

台湾城的荷兰侵略者企图顽抗到底,等待救兵。郑成功索性采取长期围困的办法,逼他们自己缴械投降。围困八个月之后,郑成功下令向台湾城发起强攻。这些侵略军眼看再也没有其他办法,只好扯起白旗投降了。1662年初,荷兰侵略军头目被迫来到了郑成功的大营,在中国人的怒视下,畏畏缩缩地坐下来,在投降书上签了字,灰溜溜地离开了台湾。

在今天鼓浪屿东南端,矗立着一座庄严雄伟的雕像,这就是后代人为了纪念挥师东渡、驱逐荷兰侵略者的郑成功而雕塑的。郑成功雕像面朝波澜壮阔的大海,身披盔甲,手按宝剑。凡是看到这座雕像的人,都会明白中华民族守护自己的领土和家园无所畏惧的勇气。

永乐盛世 1421年,明成祖正式将明朝的首都迁到了北京。从那时起,北京就一直是中国的政治中心了。明成祖朱棣即位后,采取了许多措施大力发展经济。在他统治期间,社会安定,国家富强。《明史》描绘朱棣雄才大略,励精图治,发展经济,提倡文教,使得天下大治,并且宣扬国威,大力开展海外交流,其业绩远迈汉唐,由于成祖年号为永乐,故人们将朱棣在位期间称为"永乐盛世"。

❀ ❀ ❀

　　开辟荆榛逐荷夷,十年始克复先基。
　　田横尚有三千客,茹苦间关不忍离。

　　　　　　　——(明)郑成功

虎门销烟林则徐

1839年3月9日一大早,广州府九响礼炮齐鸣,广州所有的高级官员都恭恭敬敬地站在道路两侧,穿着簇新的官服,静静等待着,连大气也不敢喘。"这是要干什么啊?"有人悄悄地问道。旁边的人连忙摇了摇手:"轻声点!这是在迎接新上任的钦差大臣呢。"

这一天,在广州做鸦片生意的英国商人威廉·亨德被这庄严的场面吸引住,也挤在人群中观礼。他对这位新上任的钦差大人有几分好奇,也有几分不屑。他在中国做生意好几年了,没少给当地官员送礼,也没少听老百姓说那些官员的坏话。他们说"三年清知府,十万雪花银",要是做了钦差大臣,啧啧,更是少不了先到新地皮搜刮一番,把这新饭碗刮得叮当响。

这时候,人群突然骚动起来。人们低声说着:"来了,钦差大人来了!"

威廉·亨德努力探头看着。让他感到意外的是,这位新任钦差大臣脸色非常严肃,甚至可以说是严厉。他身上似乎有一种与众不同的气质。这时,新任钦差大臣望着四周的人群,微微笑着对老百姓示意。

到广州的第一天,这位钦差大臣马不停蹄,首先参观了广州著名的越华书院。参观完毕,当地的官员们满脸堆笑,让他留下墨宝。钦差大臣沉思片刻,低声道:"也罢,那就写几个字吧。"他提笔蘸满浓墨,写下了一副对联:海纳百川,有容乃大;壁立千仞,无欲则刚。然后仔细钤上印章。钦差大臣拱拱手,对周围的官员、百姓说道:"林某愿与诸位共勉。"

威廉·亨德此时还不知道,很快,人们都将牢牢记住这个人的名字,记住这位新任钦差大臣的三把火,他叫林则徐。

钦差大臣林则徐是到广州来禁烟的。

林则徐所处的时代,鸦片带给中国人民的危害已经十分严重。早在1793年,英国人就开始进入中国经商,但是,英国运来的洋茶、洋布在中国销路很差,而中国的茶叶、瓷器则在英国市场上受到了极大欢迎。在早期的中英

贸易中,英国几乎占不到一点便宜,反而花去了大量的白银。英国人气急败坏。为了改变这种局面,他们把一种罪恶的商品带入中国,那就是鸦片。

鸦片是用罂粟未成熟果实里面的浆汁制成的。它可以做药材,在普通的中药店里也能买到,有提神、镇痛的作用,但它又是一种毒品。如果一个人经常吸食鸦片,慢慢就会上瘾,从而体力衰退、意志消沉、骨瘦如柴,变成一个三分像人、七分像鬼的废物。

在鸦片烟的笼罩下,那时的中国渐渐变得烟雾缭绕,气息奄奄。小报上整天可以看到这样的故事:哪家的富家子弟为了买鸦片,把祖宗留下的财产花得一干二净。街上到处是半躺着、坐着的鸦片瘾君子,瘦骨嶙峋,眼里放出诡异的光芒。大一点的城市,满街都是专供人们吸食鸦片的烟馆。连那些清兵,也被不少人戏称为"双枪兵",烟枪随时别在他们的腰间,就算是仗打到紧要关头,眼看命都快丢了,这些人若突然犯了烟瘾,鼻涕眼泪全喷出来,也得赶紧拿出烟枪抽几口,过了瘾再死。鸦片的毒害越来越严重,再这样下去,没人打仗、没人种地、没人念书,大家全躺在一张张烟榻上醉生梦死,中国怎么办?为了解决这个问题,清政府颁布过多次禁烟令,严格禁止贩卖和吸食鸦片。但这些写在纸上的命令又怎么能管得住瘾君子?更何况

那些要靠贩卖鸦片从中获利的奸商,还有那些为了多得点银子、睁一只眼闭一只眼的贪官,他们如何肯放弃自己的利益?禁令下了一道又一道,可是鸦片贩子还是千方百计地向中国走私鸦片。为了打通财路,商人们用金钱贿赂官吏,在官员中寻找鸦片贸易的保护人。事情就到了这样可笑的地步,朝廷的官员们本应该是去禁烟的,可他们自己就是那些商人的保护者——这些人白天下完禁烟的命令,晚上就吸上了商人们免费送来的鸦片烟。

就是在这样的形势下,林则徐来到广州这块鸦片贸易最猖獗的土地上,开始禁烟。

林则徐是一个意志顽强的清官。他对鸦片流毒中国早就深恶痛绝,多年前就呼吁禁烟,是主张禁烟的朝廷官员中态度最坚决的一个。广州是鸦片交易最活跃的地区之一,决定接受命令去广州前,林则徐的朋友们都劝他,说他一大把岁数,何必要去做那种不顾性命的事?林则徐却只是笑了笑:"此去广州,福祸生死,我林某全都置之度外。只要能狠狠打击鸦片贸易,把收缴的鸦片统统烧毁,我林某就算是死了,也心满意足,没什么遗憾。"

林则徐知道禁烟这件事不能拖延。因此,在到广州的第二天,他就发布了第一道命令,限令所有烟商三日内交出全数鸦片,并在保证书上签字,声明以后再也不贩卖鸦

片。这道命令下达之后,全广州都震动了。林则徐派出士兵,从街上的烟馆入手,一个一个找那些躲在暗处的大烟商。这阵势吓坏了一些小商人。他们只好屈服,纷纷交出鸦片。但大部分烟商,包括那些和烟商勾结的官员,却没什么动静。这些人互相劝慰道:"新官上任三把火。这姓林的不过热闹几天,过了这阵子,看他停手不停手。"过了一段时间,林则徐见没人继续上缴鸦片,他知道那些人都在想什么,就找了一个机会,在公开场合朗声说道:"鸦片交易一天不终止,本大臣就一天不回去。我林某发誓,一定要和此事周旋到底,绝对没有中途停止的道理!"随着林则徐一道道命令的颁布,广州禁烟运动就这样轰轰烈烈地开始了。在林则徐的铁腕高压下,大部分烟商都已经交出鸦片。可是还有几个英国烟商的头目,仗着大英帝国的威势,就是不肯交出手中藏有的鸦片。为了迷惑林则徐,他们成立委员会,递了一份报告给他。报告上说,他们对林则徐的禁烟令还要详细考虑,要林则徐至少等待七天时间。

接到报告后,林则徐十分气愤。他猛一拍桌子,把那份报告撕了个粉碎:"我华夏国土,岂能容得几个外国奸商仗势欺人、跳上跳下!""告诉你们的人,"他对来送信的外国商人怒喝道,"三天内,必须交出全部鸦片。否则,第四

天上午十点整,我就亲自到十三行,审讯你们这些不法奸商!"

十三行,正是这些外国烟商们集中窝藏鸦片的地方。听到这个消息,他们虽然十分害怕,但是不相信林则徐真的能做出这样的举动。三天之后,送到林则徐那里的仍然只是一小部分鸦片。林则徐火冒三丈,立刻命令下属:"命令十三行内所有华人立刻迁出!从现在开始,对十三行断水断粮,断绝通信。谁敢靠近十三行一步,杀无赦!"

外国烟商们终于知道了,这个钦差大臣是在来真的。在林则徐的高压态势下,他们只好一个个低头认输,将一箱箱鸦片送到了林则徐那里。广州禁烟运动取得了辉煌的胜利。而令人称奇的是,从林则徐3月10日到达广州,到3月28日大烟商被迫同意缴出全部鸦片,前后只有18天时间。

1839年6月3日,天空晴朗,万里无云。宽阔的虎门海滩上,络绎不绝赶去的人们汇集在一起。大家兴奋地相互诉说,林则徐大人今天要在这里销毁鸦片!下午两点钟,连续几声炮响之后,林则徐站在高台之上,正式宣布销烟开始。士兵们将挖好的池子放满海水,投进鸦片,再撒上石灰。刹那间,池水翻滚,烟雾冲天,围观的群众开始热烈地欢呼起来,满池鸦片很快化为渣沫。这时正值退潮,

林则徐庄严宣布："开闸！"一声令下，两万多箱鸦片烧成的满池废渣，随着退潮，在波浪翻滚的大海中消失得无影无踪。

林则徐广州禁烟、虎门销烟的壮举，充分展示了中国人民维护民族尊严、反抗外国侵略的爱国精神和英雄气概。

广州十三行 广州十三行是清代专做对外贸易的商行，是清政府指定专营对外贸易的垄断机构，又叫"洋行"或"洋货行"。明清时期，广州的对外贸易全属官营，开设洋行的多半能获厚利。广州成为通商口岸之后，有关内陆交易的一切货物由税课司管理，外国商人贩来的货物及出海贸易货物则由粤海关管理。为了方便收税，1686年，清政府在广州相应地建立两类商行，前者称"金丝行"，后者称"洋货行"即"十三行"。名义上虽称十三，其实并无定数。

※ ※ ※

苟利国家生死以，岂因祸福避趋之。

——（清）林则徐

后 记

　　这套"梦想的力量：中国梦青少年读本"丛书得以出版，首先要感谢北京师范大学出版集团和安徽大学出版社的大力支持与帮助。感谢安徽大学出版社康建中社长不辞辛苦地从安徽赶来北京师范大学参加我们的审稿研讨会，并提出了重要的具有建设性的意见。感谢安徽大学出版社赵月华总编辑，这套丛书从最初的构思、策划，到最终的出版、发行，都凝聚着她的智慧和心血。社长和总编把这套丛书的读者定位在青少年身上，体现了他们对"中国梦"本质内涵的深刻理解，凸显了他们为实现"中国梦"所担负的社会责任感。同时，还应该感谢安徽大学出版社王先斌等编辑，他们在每一本书的编辑过程中都提出了许多宝贵而中肯的意见。

当然，本丛书各卷撰写者都是在繁忙之中，集中时间和精力，全力以赴地完成书稿的，付出了许多的辛劳和汗水。另外，还要感谢丁子涵、郝思聪、任敏、张悦等几位研究生，他们在查找资料、校对书稿等方面做了大量工作。

从开始策划到完稿，时间太仓促了，因此难免会有一些纰漏和不足，还请各位读者给予指正！

刘　勇　李春雨

2014 年 5 月